世界武器鉴赏系列

军用辅助飞机

鉴赏指南 （珍藏版）

（第2版）

《深度军事》编委会　编著

U0299272

清华大学出版社

北京

内 容 简 介

本书精心选取了世界各国军队现役或退役不久的数十种军用辅助飞机，包括侦察机、预警机、电子战飞机、反潜机、运输机、空中加油机和教练机等类别，详细介绍了每种飞机的研发历史、机体构造、实战性能和识别特征等内容，并配有准确的参数表格。

本书内容结构严谨，分析讲解透彻，图片精美丰富，适合广大军事爱好者阅读和收藏，也可以作为青少年的科普读物。

图书在版编目 (CIP) 数据

军用辅助飞机鉴赏指南 (珍藏版)/《深度军事》编委会编著 . —2 版 . —北京：清华大学出版社，2018（2022.7 重印）

(世界武器鉴赏系列)

ISBN 978-7-302-50949-3

Ⅰ . ①军… Ⅱ . ①深… Ⅲ . ①军用飞机—世界—指南 Ⅳ . ① E926.3-62

中国版本图书馆 CIP 数据核字 (2018) 第 185382 号

责任编辑：李玉萍
封面设计：郑国强
责任校对：张彦彬
责任印制：曹婉颖

出版发行：清华大学出版社

网　　址：http://www.tup.com.cn，http://www.wqbook.com
地　　址：北京清华大学学研大厦 A 座　　　邮　　编：100084
社 总 机：010-83470000　　　邮　　购：010-62786544
投稿与读者服务：010-62776969，c-service@tup.tsinghua.edu.cn
质 量 反 馈：010-62772015，zhiliang@tup.tsinghua.edu.cn

印 装 者：小森印刷（北京）有限公司
经　　销：全国新华书店
开　　本：146mm×210mm　　　印　　张：10.5
版　　次：2017 年 1 月第 1 版　2018 年 9 月第 2 版　印　　次：2022 年 7 月第 4 次印刷
定　　价：49.80 元

产品编号：076684-01

丛书序

FOREWORD

　　国无防不立，民无防不安。一个国家、一个民族，最重要的两件大事就是发展和安全。国防是人类社会发展与安全需要的产物，是关系到国家和民族生死存亡的根本大计。军事图书作为学习军事知识、了解世界各国军事实力的绝佳途径，对提高国民的国防观念、加强青少年的军事素养有着重要意义。

　　与其他军事强国相比，我国的军事图书在写作和制作水平上还存在许多不足。以全球权威军事刊物《简氏防务周刊》（英国）为例，其信息分析在西方媒体和政府中一直被视为权威，其数据库广泛被各国政府和情报机构购买。而由于种种原因，我国的军事图书在专业性、全面性和影响力等方面都还有明显不足。

　　为了给军事爱好者提供一套全面而专业的武器参考资料，并为广大青少年提供一套有趣、易懂的军事入门级读物，我们精心推出了"世界武器鉴赏系列"图书，内容涵盖现代飞机、现代战机、早期战机、现代舰船、单兵武器、特战装备、世界名枪、世界手枪、二战尖端武器、坦克与装甲车、无人装备、特殊武器、全球导弹、航空母舰等。

　　本系列图书由国内资深军事研究团队编写，力求内容的全面性、专业性和趣味性。我们在吸收国外同类图书优点的同时，还加入了一些独特的表现手法，努力做到化繁为简、图文并茂，以符合国内读者的阅读习惯。

　　本系列图书内容丰富、结构合理，在带领读者熟悉武器历史的同时，还可以提纲挈领地了解各种武器的作战性能。在武器的相关参数上，我们参考了武器制造商官方网站的公开数据，以及国外的权威军事文档，争取做到有理有据。每本图书都有大量的精美图片，配合别出心裁的排版，具备较高的欣赏和收藏价值。

前言

PREFACE

　　古语有云："兵马未动，粮草先行。"战争是在一定的物质基础上进行的，离不开后勤的保障。所以后勤是随着军队的出现而产生的。从古至今，但凡有所成就的军事家都非常重视后勤的作用。随着军事科学技术的发展，军队现代化程度越高，对后勤的依赖性越大，后勤的地位和作用就越重要。

　　现代化的后勤已经不只是供给武器、弹药、粮食和饮水这么简单，如何建立起一套行之有效的后勤保障系统是各国军队建设过程中必须要解决的问题。在现代战争中，空军发挥的作用非常大，而空军的后勤保障也依赖于各种军用辅助飞机。虽然这些飞机不是用于直接攻击敌人，但它们能为战斗机、攻击机和轰炸机等作战飞机提供有力的技术支援，具有重要的意义。与此同时，军用辅助飞机还能为陆军和海军的作战行动提供支援。

　　本书精心选取了世界各国军队现役或退役不久的数十种军用辅助飞机，包括侦察机、预警机、电子战飞机、反潜机、运输机、空中加油机和教练机等多个类别，着重介绍了每种飞机的研发历史、机体构造、实战性能和识别特征等，并配有准确的参数表格。通过阅读本书，读者可以全面了解各国军用辅助飞机的发展情况。

　　本书紧扣军事专业知识，不仅带领读者熟悉飞机构造，而且可以了解飞机的作战性能，特别适合作为广大军事爱好者的参考资料和青少年朋友的军事入门读物。全书共分为 8 章，涉及内容全面合理，并配有丰富而精美的图片。

　　本书是真正面向军事爱好者的基础图书。全书由资深军事研究团队编写，力求内容的全面性、趣味性和观赏性。全书内容丰富、结构合理，关于飞机的相关参数还参考了制造商官方网站的公开数据，以及国外的权威军事文档。

　　本书由《深度军事》编委会创作，参与本书编写的人员有阳晓瑜、陈利华、高丽秋、龚川、何海涛、贺强、胡姝婷、黄启华、黎安芝、黎琪、黎绍文、卢刚、罗于华等。对于广大资深军事爱好者，以及有兴趣了解并掌握国防军事知识的青少年，本书不失为很有价值的科普读物。希望读者朋友们能够通过阅读本书循序渐进地提高自己的军事素养。

　　本书赠送的图片及其他资源均以二维码形式提供，读者可以使用手机扫描下面的二维码下载并观看。

目 录
CONTENTS

Chapter 01

军用辅助飞机漫谈

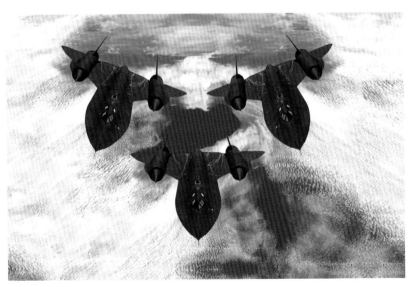

　　军用辅助飞机是为战斗机、攻击机、轰炸机等作战飞机提供各种技术支援的飞机。其包括侦察机、预警机、电子战飞机、反潜机、运输机、空中加油机、教练机等。

军用辅助飞机的历史

　　1903年12月17日，美国莱特兄弟制作的世界第一架有动力、可操纵、重于空气的载人飞行器试飞成功，人类飞行的梦想从此变成了现实。飞机出现之初基本上是一种娱乐的工具，主要用于竞赛和表演。一战爆发后，飞机被匆匆忙忙推入了战场，战争实践与军事需求大大加速了飞机及其技术的发展。

侦察机：耳聪目明的侦探

　　在各国军队刚刚装备飞机之时，人们便想到利用飞机侦察敌情。1910年6月9日，法国陆军玛尔科奈大尉和弗坎中尉驾驶着一架亨利·法尔曼双翼机进行了世界上第一次试验性的侦察飞行。这架飞机本是单座飞机，由弗坎中尉钻到驾驶座和发动机之间，手拿照相机对地面的道路、铁路、城镇和农田进行了拍照。一战爆发后，欧洲各交战国都很重视侦察机的应用。在大战的初期，德军进攻处于优势，直插巴黎。1914年9月3日，法军的一架侦察机发现德军的右翼缺少掩护，于是法国根据飞行侦察的情报，趁机反击，发动了意义重大的马恩河战役，终于遏止了德军的攻势，扭转了战局。

　　二战中，侦察机的应用更加广泛，还应用了可进行垂直照相及倾斜照相的高空航空照相机和雷达侦察设备。大战末期还出现了电子侦察机。20世纪50年代，侦察机的性能明显提高，飞行速度超过了音速，还出现了专门研制的战略侦察机，如美国的U-2"蛟龙夫人"侦察机。20世纪60年代，美国和苏联研制出了飞行速度达音速的3倍、飞行高度接近3万米的所谓"双3"高空高速战略侦察机，即SR-71"黑鸟"侦察机和米格-25R"狐蝠"侦察机。这一时期，侦察卫星问世，逐渐取代了相当一部分侦察机的作用。另外，防空导弹的发展也让侦察机在深入敌境执行任务时面临巨大的危险。因此，有人驾驶侦察机主要执行在敌方防空火力圈之外的电子侦察任务，大部分深入敌方空域的侦察任务由无人驾驶侦察机来执行。

美国 RQ-4 "全球鹰" 无人侦察机

预警机：先发制敌的哨兵

　　预警机的起源要追溯到二战后期，当时飞机的飞行速度和高度都有了很大的提高，快速报知敌情就成为人们的企盼。英国人首先发明和应用了雷达，并在抗击德国入侵的战斗中屡建奇功。随后，美国首先在舰载飞机上安装警戒雷达，制成世界上第一架预警机——AD-3W 舰载预警机。

　　20 世纪 60 年代，英国和苏联也相继研发出各自的预警机。但早期的预警机只能搜索监视中空、高空和海上目标，对于陆地上低空或超低空飞行的目标探测能力很差。20 世纪 70 年代以后，美国、英国和苏联研发的新一代预警机都采用了能够抑制地面杂波干扰的脉冲多普勒雷达，具备了探测陆地上低空或超低空飞行目标的能力。同时，机上还装有用于敌我识别、情报处理、指挥控制、通信导航和电子对抗的飞机电子系统，使预警机不仅能及早截获和监视低空入侵的目标，而且还能引导和指挥己方歼击机进行拦截和攻击，成为空中预警指挥中心。

　　1982 年 4 月，在英国与阿根廷之间发生的马岛战争中，英国舰队由于没有配备预警机，不能及时发现低空袭来的阿根廷飞机，以致遭到重创。

同年 6 月的以色列入侵黎巴嫩战争中，以色列空军使用 E-2C 预警机引导己方飞机，袭击叙利亚军队驻贝卡谷地的防空导弹阵地，并进行空战。结果叙军 19 个导弹连被毁，约 80 架被击落，而以方无一损失。在 1991 年的海湾战争中，E-2C 和 E-3A 预警机为以美军为首的多国部队赢得胜利，发挥了重要作用。在美国多次海空作战行动中，都出现了预警机的身影。

美国 E-2"鹰眼"预警机

俄罗斯 A-50"支柱"预警机

▶电子战飞机：无形战场的尖兵

二战期间，雷达开始应用于战争。许多参战国都研制出了针对雷达的积极干扰设备、电子告警器和消极干扰物，并将其安装在轰炸机上或由轰炸机携带投放，早期的电子战飞机由此诞生。

二战后，随着防空雷达技术的不断发展，简单的干扰手段已无法保护自身的安全，因而出现了载有完善的干扰设备、专门用来干扰敌方雷达和通信系统的飞机。20 世纪 50 年代，美国研制出第一架真正意义上的电子战飞机——EB-66 飞机。此后，美军在越南战争、第五次中东战争、海湾战争、科索沃战争、伊拉克战争中，都成功地使用了电子战飞机。

美国 EA-18G "咆哮者" 电子战飞机

反潜机：深海幽灵的克星

一战时，德国使用 U 型潜艇在大西洋地区严重威胁英国海军与海上运输线的安全，英国尝试使用飞机来担任警戒与搜索任务。1915 年 8 月 26 日，英军一架双翼轰炸机在飞经比利时西北海域时，无意间发现了一艘德国潜艇，当即投掷了 2 颗炸弹，潜艇尾部受到打击，受伤后迅速潜逃。虽然德国潜艇没有被击沉，但此事使各国对飞机反潜刮目相看。1916 年 8 月，奥地利的 "洛内尔" 双翼水上飞机突然对锚泊在威尼斯港内的一艘英国潜艇发起攻击，导致英国潜艇沉没。

二战时，由于潜艇成为了海上作战的重要角色，许多国家开始使用飞机担任搜索与攻击潜艇的任务。当时的潜艇需要夜间在海面上为电瓶充电，或者是利用柴油机的动力追赶目标，利用飞机可以在远距离发现敌方潜艇，警告附近的己方军舰或者商船，并且加以攻击。初期的反潜机多半利用其他担任海面巡逻或者是轰炸任务的机种兼任。到了大战中期，利用各型轰炸机或者水上飞机改装后担任反潜任务的国家越来越多，这些飞机不仅能够长时间滞空，巡逻面积广，同时机上有导航员协助，不至于在茫茫大海上迷失方向。到了1942年年初，英国的反潜机达到了400余架，德国的反潜机也有300多架。整个二战中，飞机击沉潜艇412艘，占当时潜艇损失的37%。

二战后，反潜机的发展有更多重要的变化。直升机成为了成熟的军用飞机之后，也加入了反潜作战的行列。直升机可以从陆上机场或者是水面舰艇上操作，任务弹性高过大型反潜机。在搜索与标定潜艇的工作上，直升机能够悬置在同一地点一段时间，有效提升了对潜艇的追踪能力。直升机可以从水面舰艇上起降，扩大对水面舰艇与商船的保护与对潜艇的压力。

美国 P-3"猎户座"反潜巡逻机

日本 P-1 反潜巡逻机

运输机：机动作战的保障

在一战时，还没有发生明显的空运行动，更没有专门的军用运输机。但从二战开始，军用运输机在主要参战国中渐渐得到了推广，并很快显露出它快速移动和部署兵力的巨大优越性。大战期间，军用运输机参加过无数次空运空降行动，对支援地面作战乃至扭转整个战场局势起到了不可估量的重要作用。

1940 年 4 月，德军对挪威发起空中突击行动，这也是军事史上第一次成功的空降入侵与空运补给战例。500 多架运输机为德军闪电攻占挪威提供了"空中桥梁"，大大加快了战斗进程。同年 5 月，德军又利用夜幕进行了一场超低空突防行动，对荷兰大规模空降作战，这是军用运输机又一次大量投入使用。

1942 年 5 月至 1945 年 9 月，为支援中国的抗日作战，美国陆军航空队空运部队和中国民航公司从印度飞越喜马拉雅山脉，向中国内地连续空运战略物资，航线全长 1000 千米左右，且需飞经 6000 ~ 7000 米高的"空中禁区"。先后投入 150 万小时的飞行时间，运来 72.5 万吨物资和 33477 名人员。在此期间，有 468 架运输机失事坠毁，上千名飞行员牺牲。

1944 年 6 月 6 日，为配合诺曼底登陆作战，盟军方面发动了一场先发制人的空降行动，1200 架军用运输机将 13300 名突击队员空投到阵地，并在不久之后又派出 176 架滑翔运输机空降下 1174 名士兵和装备，另外有256 架滑翔运输机，及时运来各种补给品，为整个战役提供了有力的支援。

二战后，以美苏为首的军事大国投入大量人力物力，积极研制出第二代、第三代专用的军用运输机。美国在冷战时期奉行"全球战略"的同时，从未忽视对运输航空兵的建设与发展，它专门设立了与战略空军并肩作战的空运司令部，并在历次局部战争中很好地利用了空运这一作战手段。1991年海湾战争中，美军曾动用 350 架军用运输机并租借了 180 架民航客机和货机，投入 12700 架次空运飞行，累计运输 44 万人和 44 万吨军事物资到战争前线。苏联在这一方面也不甘落后，独立研制并大量配备了型号繁杂的轻、中、大型军用运输机，在各种大型演习及涉及国外的军事冲突中动用了空运部队，同样也取得了令人瞩目的成果。

美国 C-130"大力神"运输机

俄罗斯安 -124"秃鹰"运输机

空中加油机：远程航行的倚仗

1923 年 8 月 27 日，在美国加利福尼亚州圣迭戈湾上空，2 架飞机在编队飞行，从前上方飞行的飞机上垂下一根 10 多米长的软管，后面飞机的后座飞行员站起身来用手捉住飘曳不定的软管，把它接在自己飞机的油箱上。在前后总共 37 小时的飞行中，2 架飞机互相共加注了 2566 升汽油和润滑油。这是航空史上第一次空中加油试验。

在二战期间，空中加油技术开始用于实战。在战争中，美英两国的许多轰炸机在大西洋上空进行空中加油，然后再对德国本土上进行远程奔袭。早期的空中加油技术非常原始，直到 20 世纪 40 年代后期，英国研制出插头锥套式加油设备，才令空中加油技术上升了一个台阶。20 世纪 50 年代初，美国研制出更先进的伸缩套管式（硬管式）空中加油设备。不久，苏联也研制出类似的加油设备。

随着空中加油技术的不断完善，人们越来越重视空中加油机的作用。许多航空专家把它称作是航空史上的里程碑。越南战争是在战争实战中首次大规模实施空中加油的开端，从战争爆发到停战的 9 年多时间内，美军的 172 架 KC-135 加油机共飞行了 194687 架次，进行空中加油 813878 次，共加燃油 410 万吨。1982 年英阿马岛战争中，英军编制内的 15 架加油机和临时由轰炸机改装的加油机共实施了 600 多次空中加油，对马岛战争的结局产生了决定性的影响。

1995 年 6 月 2 日，美国空军的 3 架 B-1B 战略轰炸机从得克萨斯州的戴耶斯空军基地起飞，在赤道与北纬 35 度之间作曲线飞行，穿过大西洋、地中海、印度洋、西太平洋、北太平洋，途中在 3 个靶场进行了轰炸训练，飞行 30 余小时，总航程约 4 万千米，于 3 日夜间返回起飞基地。这是美国空军进行的"环球力量"外场不着陆演习飞行，它创造了航空史上迄今为止不着陆飞行的最远纪录。创造这一奇迹的幕后英雄是美国空军的空中加油机。美军先后出动 29 架次加油机实施了 6 次空中加油，共加注油料 1094 吨，每架 B-1B 全程受油约 365 吨。

美国 KC-10"延伸者"空中加油机

军用辅助飞机的分类

▷ 侦察机

侦察机是专门用于从空中进行侦察、获取情报的军用飞机，是现代战争中的主要侦察工具之一。飞机诞生后，最早投入战场所执行的任务就是进行空中侦察。因此，侦察机是军用飞机大家族中历史最长的机种。

按执行任务范围，侦察机可分为战略侦察机和战术侦察机。战略侦察机一般具有航程远和高空、高速飞行性能，用以获取战略情报，多是专门设计；战术侦察机具有低空、高速飞行性能，用以获取战役战术情报，通常用战斗机改装而成。

侦察机一般不携带武器，主要依靠其高速性能和加装电子对抗装备来提高其生存能力。侦察机通常装有航空照相机、前视或侧视雷达和电视、红外线侦察设备，有的还装有实时情报处理设备和传递装置和目前最先进的合成孔径雷达。侦察设备装在机舱内或外挂的吊舱内。侦察机可进行目视侦察、成像侦察和电子侦察。成像侦察是侦察机实施侦察的重要方法，它包括可见光照相、红外照相与成像、雷达成像、微波成像、电视成像等。

美国U-2"蛟龙夫人"侦察机

▶ 预警机

预警机是指拥有整套远程警戒雷达系统，用于搜索、监视空中或海上目标，指挥并可引导己方飞机执行作战任务的飞机。预警机具有监视范围大、指挥自动化程度高、目标处理容量大、抗干扰能力强、工作效率高等优点，执行任务时通常远离战线、纵深部署，并有战斗机掩护。

　　预警机实际上是把预警雷达及相应的数据处理设备搬到了高空，以克服地面预警雷达的盲区，从而有效地扩大整个空间的预警范围。机上设备一般包括：雷达探测系统、敌我识别系统、电子侦察和通信侦察系统、导航系统、数据处理系统、通信系统、显示和控制系统等。

美国 E-3 "望楼"预警机

电子战飞机

　　电子战飞机是一种专门对敌方雷达、电子制导系统和无线电通信设备进行电子侦察、干扰和攻击的飞机，其主要任务是使敌方空防体系失效，掩护己方飞机顺利执行攻击任务。

　　电子战飞机主要有电子干扰、电子欺骗和电子摧毁三种作战手段。电子干扰是利用多频段杂波对电磁信号进行遮蔽，使敌方电子通信系统瘫痪；电子欺骗是先解析敌方电子信号频率，然后利用相同频率的电子信号对敌方电子系统进行欺骗的手段；电子摧毁是利用大功率微波和电磁脉冲或反辐射导弹对敌方的电子系统进行软硬打击，特别是大功率微波和电磁脉冲可使电路产生瞬时高压，从而烧坏电路板，使电子系统彻底瘫痪。

美国 EA-6"徘徊者"电子战飞机

反潜机

反潜机是指用于搜索、标定与攻击潜艇的军用飞机，有固定翼飞机和直升机两种形态，有的从陆地机场起降，也有的从水面舰船起降。反潜机主要的搜潜设备是声呐和磁异探测仪。反潜机具有快速机动的特点，能在短时间内居高临下地进行大面积搜索，并可以十分方便地向潜艇发起攻击。

二战时期的反潜机经常会遇到潜艇处于海面或者非常接近海面的深度，常见的武装包括各种机枪、机炮、炸弹、深水炸弹等，也可以携带水雷对潜艇可能活动的海域进行封锁。如今的反潜机主要面对核潜艇或者安装有呼吸管的潜艇，除了深水炸弹以外，常见的武装是制导鱼雷，另外也可携带反舰导弹攻击浮出水面的潜艇。

美国 SH-60"海鹰"反潜直升机

乌克兰 Be-12 "海鸥" 反潜巡逻机

运输机

运输机是用于运送军事人员、武器装备和其他军用物资的飞机，具有较大的载重量和续航能力，能实施空运、空降、空投，保障地面部队从空中实施快速机动。运输机有较完善的通信、导航设备，能在昼夜复杂气象条件下飞行，有些运输机还安装有自卫武器。

运输机按运输能力分为战略运输机和战术运输机。战略运输机航程远、载重量大，主要用来载运部队和各种重型装备实施全球快速机动；战术运输机用于战役战术范围内执行空运任务，有的具有短距起落性能，能在简易机场起落。

美国 C-17 "环球霸王III" 运输机

空中加油机

空中加油机是给飞行中的飞机及直升机补加燃料的飞机，多由大型运输机或战略轰炸机改装而成。空中加油机的加油设备大多安装在机身尾部，少数安装在机翼下面的吊舱内，由飞行员或加油员操纵。加油设备主要有插头锥套式和伸缩管式两种。空中加油机可使受油机增大航程，延长续航时间，增加有效载重，以提高航空兵的作战能力。

美国 KC-46 "飞马" 空中加油机

教练机

教练机是训练飞行员从最初级的飞行技术到能够单独飞行与完成指定工作的特殊机种。无论是操作军用或民用飞机的飞行员都需要经过一些相同的训练程序，使用类似的教练机完成基础飞行课程。

常见的教练机分类方式有两种，分别是两级制和三级制。两级制区分为初级教练机与高级教练机；三级制区分为初级教练机、中级教练机与高级教练机。

瑞士 PC-9 教练机

Chapter 02

侦察机

　　侦察机是专门用于进行空中侦察、获取情报的军用飞机，是现代战争中的主要侦察工具之一。自飞机诞生后，最早投入战场所执行的任务就是进行空中侦察。因此，侦察机是军用飞机大家族中历史最长的机种之一。

美国U-2"蛟龙夫人"侦察机

U-2"蛟龙夫人"（Dragon Lady）侦察机是美国洛克希德公司研制的一款单发高空侦察机，于1956年开始服役，截至2017年6月仍然在役。按照2009年的市值，U-2侦察机的单位造价高达4亿美元。

研发历史

1954年4月，洛克希德公司下属的"臭鼬工厂"向美国国防部递交了研制新型高空侦察机的报告，极力推荐其总工程师凯利·约翰逊提出的CL-282项目方案。它就是U-2侦察机的前身。1954年11月，时任美国总统德怀特·艾森豪威尔批准了

基本参数	
机长	19.2米
机高	4.88米
翼展	31.4米
空重	6486千克
最大速度	805千米／时
最大航程	10308千米
实用升限	21300米

该项目，并把计划的主导权交给了美国中央情报局，但美国空军还是为这个秘密计划提供了巨大的支持——取消了他们原来与贝尔公司签订的订单。

由于新型侦察机的研制属于高度机密，所以不能使用侦察机代号。为了隐藏其真实用途，美国空军于1955年7月选择了U（Utility，多用途）这个代号，将其命名为U-2侦察机。1955年8月1日，001号原型机首次试飞。1956年，U-2侦察机开始服役。1960年5月1日，U-2侦察机在苏联境内首次被击落，由此被世人所知。

U-2侦察机在山区上空飞行

机体构造

U-2侦察机采用了全金属悬臂中单翼,使用洛克希德公司的专用翼型。机身为细长的圆截面全金属半硬壳薄规格蒙皮结构,后机身两侧有液压操纵阻力板。悬臂全金属结构尾翼为正常布局,平尾可由液压操纵绕前缘改变安装角。由于机身细长,采用了独特的双主轮自行车式起落架,主轮与尾轮均向前收入机身。可拆卸的机鼻、驾驶舱后的机舱内及机翼下的设备舱内,装有通信、导航、着陆仪表等系统。为避免反射阳光,U-2侦察机的外表涂成了黑色。

U-2侦察机被公认为美国空军中最具挑战性的机种,对飞行员的技术要求极高。其修长的机翼令U-2侦察机跟滑翔机有相似的飞行特性,对侧风极其敏感,使得着陆非常困难。由于要在高空执行任务,U-2侦察机的飞行员必须穿着一种类似宇航服的压力衣,使其免受缺氧、减压症和严寒等威胁。

U-2侦察机仰视图

U-2侦察机左侧视角

▌▌▌★▶ 电子设备

U-2侦察机配备有高分辨率摄影组合系统，能在4小时内在15000米高空，拍下宽200千米、长4300千米范围内地面景物的清晰图像，并冲印出4000张照片用于情报分析。该机可以安装合成孔径雷达，用来穿透遮障侦察浅层的地下设施。另外，还可以安装全景摄影、多光谱分析仪，以及能接收雷达信号、通信信号的电子侦察设备等。U-2侦察机虽然没有配备任何武器系统，但它能在导弹来袭时发射干扰金属箔片来干扰导弹。

U-2侦察机驾驶舱特写

动力装置

U-2 侦察机的衍生型号较多，各种型号使用过多种不同的喷气式发动机，包括普惠 J57-P-37A 发动机、J57-P-31 发动机、J75-P-13 发动机、J75-P-13B 发动机，以及通用电气 F118-101 发动机等。由于只装了 1 台喷气发动机，所以 U-2 侦察机的爬升速度比民用客机还要慢，驾驶时也需要更多的耐心。由于普通航空燃料无法在 20000 米的高空正常使用，因此 U-2 侦察机使用的航空燃料必须重新研制，新型燃料是一种特殊的低挥发、低蒸发压力的柴油。

U-2 侦察机起飞瞬间

重要事件

1956 年 7 月 4 日美国独立日，U-2 侦察机开始执行飞越苏联领空的任务。它首先从威斯巴登起飞，然后飞到波兰城市波兹南，再飞向白俄罗斯，之后向北转直到列宁格勒（圣彼得堡），最后飞越苏联的波罗的海加盟共和国后返航。第二天，U-2 侦察机又对莫斯科等地进行了一次成功的 8 小时侦察，这是 U-2 侦察机唯一一次对莫斯科的侦察任务。

U-2侦察机在山区上空飞行

▶ 十秒速识

　　U-2侦察机的机身细长，机翼没有像传统飞机一样穿过机身以增加强度。U-2侦察机的起落架设计极富特色，与其他飞机的典型三点式设计（机鼻一个，机翼下两个）不同，U-2侦察机的起落架只有两个，主翼下方一个，发动机尾下方有另一个可转向起落架。

U-2侦察机正在执行飞行训练任务

美国 RC-135 "铆接" 侦察机

RC-135 "铆接"（Rivet Joint）侦察机是美国波音公司由波音 707 客机的机体改装而成的四发战略侦察机，于 1965 年开始服役。

研发历史

RC-135 侦察机于 1965 年 4 月首次试飞，同年开始服役。自问世以来，RC-135 侦察机出现了多种改进型，包括 RC-135A、RC-135S、RC-135U、RC-135V、RC-135W、RC-135X 等。其中 RC-135S 是侦察弹道导弹的主要机

基本参数	
机长	41.53 米
机高	12.7 米
翼展	39.88 米
空重	79545 千克
最大速度	933 千米／时
最大航程	5550 千米
实用升限	15200 米

型，是美国战区导弹防御计划的重要组成部分。而与 RC-135S 不同，RC-135V 和 RC-135W 重点收集的目标是电磁信号，任务是实时侦测空中各种电磁波信息，对目标进行定位、分析、记录和信息处理。

RC-135 侦察机擅长在目标国沿海地区实施侦察行动，被美国空军视为与新一代军事侦察卫星和远程无人驾驶飞机并驾齐驱的 21 世纪最重要的

侦察武器。按照 2014 年的市值，每架 RC-135 侦察机的改装费用约 9000 万美元。RC-135 侦察机主要装备美国空中战斗司令部下属的第 55 联队，该联队驻扎在美国本土的奥福特空军基地（Offutt Air Force Base），因此，RC-135 侦察机的机尾都有 OF 字样。除了美国空军外，英国空军也装备了 RC-135 侦察机。

英国空军装备的 RC-135 侦察机

机体构造

RC-135 侦察机是由波音 707 客机的机体改装而成，机身大小与普通的波音 707 客机相差无几。该机采用后掠式下单翼，后掠式垂直尾翼顶端安装有天线，水平尾翼靠下安装。其头部巨大的"疣猪鼻"形整流罩使它与众不同，因此人们也称它"疣猪"（hogs）。在这个巨大的黑色整流罩内安装有大量的电子天线。

RC-135 侦察机右侧视角

RC-135 侦察机仰视图

电子设备

　　RC-135 侦察机装有先进的雷达侦察系统，可以搜集敌方预警、制导和引导雷达的频率等技术参数，并对其进行定位，世界上各种雷达参数都在其测量范围内，其测量精度较高，方位可精确到 ±1 度。机上通信信号侦察系统可侦察到音频、话频、电传、电报等信号，在 10000 米高度可侦测到 600 ~ 800 千米距离的电台。所侦测到的电子信号自动录音，并通过压缩传给地面站或返回基地进行处理。对特别重要的信息情报，它可以通过监听手段直接形成情报，及时报告给地面指挥官。

　　RC-135 侦察机还配备有红外探测器和前视雷达，探测距离达238 ~ 370 千米，可在 360 千米内分辨出 3.7 米长的物体。改进型 RC-135X 配备了电子光学系统，包括远距离可视红外侦察传感器、远距离激光距离测量系统和任务检验软件。这套新系统可以与美国空军战机和地面指挥中心甚至与卫星直接联系，能够把最新的情报在第一时间里传给世界范围内的美军战区指挥官。

RC-135 侦察机驾驶舱特写

动力装置

　　RC-135 侦察机有 4 台普惠 TF33-P-9 涡扇发动机，其飞行高度通常在 15000 米以上，巡航速度为 860 千米 / 时，续航时间超过 12 小时，由于各种型号的 RC-135 侦察机都安装有空中加油装置，因此实际上的飞行时间多超过 12 小时，空中滞留时间最长可达 20 小时。RC-135 侦察机在执行侦察任务时的最大优势是可在公共空域进行侦察活动，无须进入敌方领空，或者过于贴近敌方领空活动。

RC-135 侦察机准备起飞

重要事件

在海湾战争中，美国空军共派出 4 架 RC-135 侦察机对伊拉克进行不间断的侦察监视，平均每天有 2 架在空中飞行，每架飞机一次侦察时间为 12 小时。在科索沃战争中，RC-135 侦察机成了美国空军所有投入实战的最有效的侦察工具。

RC-135 侦察机左侧视角

十秒速识

RC-135 侦察机的外形与波音 707 客机大致相同，但其机头部位有一个巨大的黑色整流罩，形状很像疣猪的鼻子。

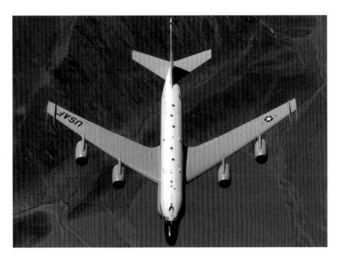

RC-135 侦察机俯视图

美国 SR-71 "黑鸟" 侦察机

SR-71 "黑鸟"（Blackbird）侦察机是美国洛克希德公司研制的一款喷气式三倍音速远程高空高速战略侦察机，于 1966 年开始服役，1998 年从美国空军退役。

研发历史

SR-71 侦察机是由美国军火工业的传奇人物凯利·约翰逊所领导的"臭鼬工厂"操刀设计，使用了大量当时的先进技术，不但是采取隐形技术设计的飞机，更能以 3 马赫的高速躲避敌机与防空导弹。SR-71 侦察机在 1964 年 12 月 22 日首次试飞，并在 1966 年 1 月进入加州比尔空军基地的第 4200 战略侦察联队（后改番号为第 9 战略侦察联队）服役。SR-71 侦察机的使用费用极其高昂，在美国空军提交的报告中，曾提出两架重新服役的 SR-71 侦察机每月（按 30 天计算）所需费

基本参数	
机长	32.74 米
机高	5.64 米
翼展	16.94 米
空重	30600 千克
最大速度	3540 千米／时
最大航程	5400 千米
实用升限	25900 米

用为 3900 万美元。

1990 年 1 月 26 日，由于国防预算降低和操作费用高昂，美国空军将 SR-71 侦察机退役，但在 1995 年又重回部队，并于 1997 年展开飞行任务。 1998 年，SR-71 侦察机从美国空军永久退役。不过，SR-71 侦察机退役 后又被美国航空航天局用作飞行试验机。时至今日，SR-71 侦察机仍然是 世界上有人驾驶的速度最快的飞机。在实战记录上，没有任何一架 SR-71 侦察机曾被击落过。

停机坪中的 SR-71 侦察机

机体构造

SR-71 侦察机是第一种成功突破"热障"的实用型喷气式飞机。"热障" 是指速度快到一定程度时，飞机与空气摩擦产生大量热量，从而威胁到飞 机结构安全的问题。为此，SR-71 侦察机的机身采用低重量、高强度的钛 合金作为结构材料，机翼等重要部位采用了能适应受热膨胀的设计，因为 SR-71 侦察机在高速飞行时，机体长度会因为热胀伸长 30 多厘米。

SR-71 侦察机的油箱管道设计巧妙，采用了弹性的箱体，并利用油料 的流动来带走高温部位的热量。尽管采用了很多措施，但 SR-71 侦察机在 降落地面后，油箱还会因为机体热胀冷缩而发生一定程度的泄漏。实际上 SR-71 起飞时通常只带少量油料，在爬高到巡航高度后再进行空中加油。

SR-71 侦察机正前方视角

SR-71 侦察机前方视角

▌▌▌▷ ★ 电子设备

　　SR-71 侦察机的主要任务载荷包括侦察照相机、红外和电子探测器、安/APQ–73 合成孔径侧视雷达等先进的电子和光学侦察设备，但都处于绝对保密的状态，外界了解甚少。但通过对其飞行速度和光学照相机的分析，1 小时内它能完成对面积达 324000 平方千米的地区的光学摄影侦察任务。通俗点说，它只需要 6 分钟就可以拍摄到覆盖整个意大利的高清晰度照片。其光学镜头的性能超乎想象，但分辨率高度保密。为了避免飞机向前飞行引起的误差，侦察照相机均装在导轨上，摄影时向后运动，使得相机相对于地面静止。

SR-71 侦察机驾驶舱特写

动力装置

　　SR-71 侦察机使用的 2 台普惠 J-58 发动机是唯一可以持续使用加力燃烧室的军用发动机，当飞行速度越快的时候，发动机的效率也随之提升。每台 J-58 发动机能够产生 151 千牛的净推力。一般喷气发动机无法持续使用加力燃烧室，而且效率在高速时会下降。从表面上看，SR-71 侦察机所能获得的动力功率足以支撑起一艘远洋邮轮。

　　SR-71 侦察机使用的 JP-7 航空燃油原本是为了 A-12 攻击机而发展，专门被设计用于超高空超音速飞行，拥有极高的闪燃点以避免高温下自燃。JP-7 航空燃油含有碳氟化合物以增加润滑性，氧化剂使其容易燃烧，甚至还有铯的配方，以伪装废气的雷达信号。

SR-71 侦察机起飞瞬间

▌▌▌▶ 重要事件

　　SR-71 侦察机曾创造了两项世界纪录：1976 年 7 月 28 日，1 架 SR-71 侦察机创下时速 3529.56 千米的速度纪录，以及 25929 米的高度纪录（只有苏联米格 -25 战斗机曾经在 1977 年 8 月 31 日达到更高的 37650 米）。此外，SR-71 侦察机也保有在 1974 年 9 月 1 日创下的从纽约到伦敦的速度纪录：1 小时 54 分 56.4 秒（波音 747 客机需要 7 小时）。

SR-71 侦察机在高空飞行

▌▌▌▶ 十秒速识

　　SR-71 侦察机的机体被涂装成暗蓝色（趋近黑色），以便降低高速飞行时的机体温度。机体两侧脊线是一个独特而有趣的特征，其作用类似于现代战斗机用以提升机动力的翼前缘延伸。

博物馆中的退役 SR-71 侦察机

美国RF-4C "鬼怪II" 侦察机

RF-4C "鬼怪II"（Ph安tomII）侦察机是美国麦克唐纳公司以F-4 "鬼怪II" 战斗机为基础改装而成的无武装照相侦察机。

研发历史

20世纪50年代初期，麦克唐纳公司就已开始研究F-4 "鬼怪II" 战斗机的侦察改进型。1953年8月，麦克唐纳公司向美国海军提交了98F无武装侦察机计划。后来，麦克唐纳公司在1958年9月和1961年1月分别提出98AX和98DF

基本参数	
机长	19.18米
机高	5.03米
翼展	11.71米
空重	12826千克
最大速度	2348千米／时
最大航程	2816千米
实用升限	18105米

计划，两者都能满足196号特别作战需求书（SOR-196）的要求，美国空军于1962年12月底批准了该项目。SOR-196的内容包括并行发展美国空军（RF-4C）和美国海军陆战队（RF-4B）的 "鬼怪II" 侦察机，但两者之间的区别很小。

1963年8月，RF-4C的原型机首次试飞，不过这是一架裸机，上面没有任何侦察设备。1963年9月底，第二架原型机首次试飞时，机内已经装有高低空全景和全帧相机。不久之后，RF-4C侦察机开始批量生产。麦克唐纳公司共生产了503架RF-4C侦察机，最后一批于1973年12月交付。RF-4C侦察机持续生产超过10年，是 "鬼怪II" 各种改型中仅次于F-4E的型号。除了美国空军使用外，西班牙和韩国等国也采用了RF-4C侦察机。

停机坪中的 RF-4C 侦察机

▨▨▨▶ ★ 机体构造

　　RF-4C 侦察机使用专业的照相、侦察器材替换了 F-4 战斗机的武器和雷达设备，两者在外形上的最大区别是 RF-4C 侦察机具有更长更尖的机鼻，里面安装了照相机、地形测绘雷达、红外影像等设备。RF-4C 侦察机安装有为夜间侦察而设的照明弹发射系统，安装在后机身上部的液压盖板下。最初的 RF-4C 侦察机没有安装武器，AIM-7"麻雀"中程空对空导弹使用的半埋槽也就成了摆设。不过，在紧急情况下 RF-4C 侦察机可以在机腹中线的挂架上挂载核武器。后来，RF-4C 侦察机加装了 AIM-9"响尾蛇"短程空对空导弹作为自卫武器。

RF-4C 侦察机腹部特写

　　RF-4C 侦察机为后座也配备了飞行操纵装置，使侦察设备操作员也具备操纵飞机的能力，这种能力在长时间海上飞行时尤其必要。不过后座的视野很差，在后座进行降落操作非常危险。侦察员没办法以正常方式放下起落架，如果要放就必须拉下一个应急把手，但这样做会使液压系统压力降低，致使机轮刹车不能使用。另外，侦察设备操作员也不能释放着舰钩和减速伞。

电子设备

RF-4C 侦察机的机头有 3 个照相舱：1 号舱（紧挨着雷达后面）安装有 1 台前倾或垂直的 KS-87 相机，2 号舱（低空舱）装有 1 台 KA-56 低空相机，也可安装一组 3 台垂直、左倾和右倾布置的 KS-87 相机，还可以用 1 部 KA-1 垂直相机、2 部 30 度倾斜的 KS-72 相机取代 KS-87 相机。3 号舱（高空舱）就在驾驶舱前下方，通常在 1 个稳定云台上安装 1 部 KA-55A 或 KA-91 高空全景相机，也可以换成 2 部 KS-87 垂直相机或者 KC-1、T-11 地图相机。高空舱还可以安装安 /AVD-2 激光侦察设备，但该设备后来停止使用了。

RF-4C 侦察机安装有德州仪器公司的安 /APQ-99 双波单脉冲 J 波段雷达，具备地形回避和地形跟随功能，也可以进行地图测绘。后期的 RF-4C 侦察机换装了德州仪器公司的安 /APQ-172 雷达。RF-4C 侦察机在前起落架舱之后的机身里安装了安 /AAD-5 或者安 /AAS-18 红外探测装置。一些 RF-4C 侦察机还安装过安 /AVQ-9 红外探测和激光目标指示装置，可以为武器瞄准提供目标斜距和高分辨率的热成像影像。

RF-4C 侦察机右侧视角

动力装置

RF-4C 侦察机有 2 台通用电气 J79-GE-17 发动机，单台加力推力为 79.4 千牛。这种发动机是美国最为著名的涡喷发动机，发展了多种改型，装备于多个型号的美军作战飞机。RF-4C 侦察机的海平面最大时速为 1342 千米，在 14630 米高空时的最大时速为 2348 千米，巡航时速为 945 千米，着陆时速为 230 千米。

RF-4C 侦察机左侧视角

重要事件

2014 年 2 月 28 日，韩国空军第 39 战术侦察中队飞行单位所属的 RF-4C 侦察机在完成最后一次飞行后，降落在跑道上，从而结束了长达 25 年的服役期。

RF-4C 侦察机准备起飞

十秒速识

与 F-4 战斗机相比，RF-4C 侦察机采用了经过空气动力学优化的底部鼓起的机鼻，内部空间增大，可以容纳更大的相机。

座舱盖开启的 RF-4C 侦察机

美国 D-21 无人侦察机

D-21 无人侦察机是美国在 20 世纪 60 年代研制的一款高速高空无人侦察机，于 1969 年开始服役。

研发历史

D-21 无人机从 1962 年 10 月开始研发，保密代号为"标签板"，原本称为洛克希德 Q-12 设计案。最初，"标签板"项目由美国中央情报局的"黑色项目经费"支持。后来美国空军认为将

基本参数	
机长	12.8 米
机高	2.14 米
翼展	5.79 米
空重	5000 千克
最大速度	3560 千米／时
最大航程	5550 千米
实用升限	29000 米

来可以使用这种无人驾驶飞机向遥远的敌方纵深地带空投核弹，所以也对这种飞机的设计充满了兴趣，后来也积极参与进来，与中央情报局共同出资。

D-21 无人机最初以 A-12 高速侦察机为搭载母机，后者经过改装命名为 M-21。1964 年 12 月 22 日，M-21 母机搭载 D-21 无人机首飞，这次飞行主要研究空气动力学和其他系统问题，并没有进行发射实验。1966 年 3 月 5 日，进行了 D-21 无人机的首次发射实验，发射后的 D-21 无人机在飞行了几百千米后坠毁。1966 年 4 月 27 日，D-21 无人机第二次发射成功，虽然在飞行了 4000 千米后因为系统故障而失踪，但是 D-21 无人机达到了

27400 米的作战高度和飞行速度 3.3 倍音速这些预定目标。1969 年，D-21 无人机开始服役。该机共制造了 38 架。由于 M-21 母机出击成本过高，D-21 无人机后来改以 B-52 轰炸机为母机。1971 年 3 月 20 日，编号为 "527" 的 D-21 无人机执行了第四次也是最后一次任务。

由大型飞机携带的 D-21 无人机

机体构造

　　D-21 无人机的机体很小，外形符合隐形原理，再加上机首和机翼前缘采用可减少电磁波反射的特殊塑胶制造，使得它有很小的雷达横截面。D-21 无人机以 3 倍音速飞行时，与空气摩擦使得机体蒙皮温度可达 700℃，其红外峰值波长为 3.2 微米，而它冲压式发动机喷气流温度更是高达 1500℃，红外峰值波长为 1.6 微米，红外辐射非常强烈。

　　D-21 无人机的机体采用了当时价格极为昂贵的钛合金，使得单机造价高达 550 万美元（1970 年市值），相当于当时 1 架 A-7 舰载机的造价。最初 D-21 无人机的钛合金蒙皮表面并没有黑色涂层，但在飞行测试的过程中技术人员发现机体热辐射率太低使得机体热量不能很好散失（无漆钛合金的表面辐射率只有 0.39），而涂上这种黑色涂层后机体的热辐射率可以高达 0.93 ~ 0.95，利于散热和减少光反射率。

D-21 无人机侧前方视角

电子设备

D-21 无人机的设备舱内安装有照相机和胶片盒。照相机通过一个嵌有 3 块玻璃的窗口向下拍照。舱内还安装有惯性导航系统、自动飞行控制系统和用计算机存储的航行程序系统等主要航空电子设备。三轴速率陀螺位于无人机重心附近。在执行任务时，D-21 无人机会下降到 18000 米高度，然后在预定区域投下设备舱。然后，无人机自行销毁。设备舱投下以后，会在 4500 米的高度打开降落伞，由 JC-130B 专用设备在空中进行截收。如果不成功，美军会派出军舰将落水的设备舱收回。

D-21 无人机俯视图

动力装置

D-21 无人机采用了当时世界最先进的整体式冲压发动机（RJ43-MA-20S4 冲压发动机），速度高达 3560 千米 / 时，升限高达 29000 米。在 20 世纪 70 年代初期，任何防空武器（包括美国自身在内）都无法击落该机。

D-21 无人机的使用方式是：先由大型飞机（母机）携带飞行，在靠近对方防空严密地带的公海上空由母机释放；无人机离开携带母机后，利用自身的冲压发动机以超过 3 马赫的速度飞向遥远的目标地区；无人机上的侦察系统自动工作；情报收集之后，无人机将飞回到出发点的公海上空，在指令控制下，在指定地点空投装有照相胶卷的密封回收舱，然后飞机自毁坠落大海。

B-52 轰炸机的机翼下挂载的 D-21 无人机

重要事件

1969 年 11 月 9 日，D-21 无人机首次执行侦察任务，行动代号"高级碗"，经过时任美国总统尼克松亲自批准实施。专门执行 D-21 无人机作战行动的"A 飞行队"（后改称"第 4200 飞行支援中队"）的 1 架 B-52H 轰炸机的翼下挂载了 2 架 D-21 无人机。

博物馆中的退役 D-21 无人机

十秒速识

D-21 无人机的外形为箭头状，采用三角形机翼，前缘后掠角 75 度，并有加宽的椭圆形前缘边条。机翼与机身融合，没有水平尾翼，没有起落架，机身像个圆筒，机头进气。进气锥采用复杂的双折角形状。

D-21 无人机侧前方视角

美国 RQ-4 "全球鹰" 无人侦察机

RQ-4 "全球鹰"（Global Hawk）无人机是美国诺斯洛普·格鲁曼公司研制的一款无人侦察机，可以为后方指挥官提供综观战场或监视局部目标的能力。

研发历史

RQ-4 无人机是世界上最先进的无人侦察机之一，具有从敌占区域全天候不间断提供数据的能力，其角色类似于 U-2 "蛟龙夫人"侦察机。RQ-4 无人机于 1995 年开始研制，1998 年 2 月 28 日

基本参数	
机长	13.5 米
机高	4.6 米
翼展	35.4 米
空重	3850 千克
最大速度	650 千米／时
最大航程	14001 千米
实用升限	20000 米

首次飞行，1999 年 6 月到 2000 年 6 月是 RQ-4 无人机在美军组织下的部署和评估阶段。2000 年 6 月，完整的 RQ-4 无人机系统被部署到爱德华兹空军基地。按照 2013 年的市值，RQ-4 无人机的单位造价高达 1.31 亿美元。

机体构造

RQ-4 无人机是一种巨大的无人机，其翼展和一架中型客机相近。机身为平常的铝合金，机翼则是碳纤维。整个"全球鹰"系统分为四个部分，

即机体、侦测器、航空电子系统、资料链。地上部分主要有两大部分，即发射维修装置（LRE）和任务控制装置（MCE）。LRE负责发射和维修机体，还能配合地面支援设施。MCE用于任务规划、遥控控制、指挥调度，还能处理和转送影像侦察资料。

RQ-4无人机侧面视角

RQ-4无人机仰视图

电子设备

　　RQ-4无人机可同时携带光电、红外传感系统和合成孔径雷达。光电传感器工作在0.4～0.8微米波段，红外传感器在3.6～5微米波段。光电系统包括第三代红外传感器和一个柯达数字式电耦合器件。合成孔径雷达获取的条幅式侦察照片可精确到1米，定点侦察照片可精确到0.3米。对以每小时20～200千米行驶的地面移动目标，可精确到7千米。在一次任务飞行中，RQ-4 无人机既可进行大范围雷达搜索，又可提供 7.4 万平方千米范围内的光电／红外图像，目标定位的圆误差概率最小可达 20 米。安装有 1.2 米直径天线的合成孔径雷达能穿透云雨等障碍，能连续的监视运动的目标。

RQ-4 无人机能与现有的联合部署智能支援系统和全球指挥控制系统联结，图像能直接而实时地传给指挥官使用，用于指示目标、预警、快速攻击与再攻击、战斗评估结果。RQ-4 无人机还可以适应陆海空军不同的通信控制系统，既可进行宽带卫星通信，又可进行视距数据传输通信。RQ-4 无人机的飞行控制系统采用 GPS 全球定位系统和惯性导航系统，可自动完成从起飞到着陆的整个飞行过程。

RQ-4 无人机的地面控制系统

动力装置

RQ-4 无人机的动力装置为 1 台劳斯莱斯 F137-RR-100 涡扇发动机。机载燃料超过 7 吨，自主飞行时间长达 41 小时，可以完成跨洲飞行。它可在距发射区 5556 千米的范围内活动，可在目标区上空 18300 米处停留 24 小时。RQ-4 无人机的地面站和支援舱可使用 1 架 C-5 或 2 架 C-17 运输机运送，RQ-4 无人机本身则不需要空运，因为其续航时间够长，能飞到任何需要的目的地。

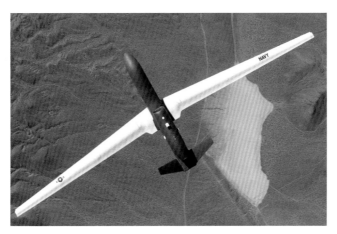

RQ-4 无人机俯视图

重要事件

2001 年 4 月，RQ-4 无人机在飞行试验中达到了 19850 米的飞行高度，并打破了喷气动力无人机续航 31.5 小时的飞行纪录；2011 年 3 月 11 日，福岛第一核电站事故发生后，美国紧急于 3 月 17 日从美军关岛基地调派出 1 架 RQ-4 无人机拍摄反应堆受损影像。

RQ-4 无人机降落

十秒速识

RQ-4 无人机采用后掠翼、直立 V 形尾翼、收放式起落架，后机身顶上吊挂涡轮风扇发动机，上机身前方呈球茎状。

跑道上的 RQ‑4 无人机

美国 "扫描鹰" 无人侦察机

"扫描鹰" （Sc 安 Eagle）无人侦察机是美国波音公司和因西图公司联合研制的小型无人侦察机，于 2005 年开始服役，主要用于海上监视与观察、情报搜集、目标搜捕、通信中继等各种战术支援。

研发历史

因西图公司是位于华盛顿州宾根的一家小公司，它与美国海军和海军陆战队签署有一份情报、监视与侦察服务合同，"扫描鹰" 无人机就是根据这个合同进行研发和部署。波音公司作为主要承包商，

基本参数	
机长	1.71 米
翼展	3.11 米
空重	18 千克
最大速度	148 千米／时
续航时间	24 小时
实用升限	5950 米

与因西图公司和其他两家未透露名字的公司进行了技术合作。在伊拉克战争和阿富汗战争中，"扫描鹰" 无人机是美军实施情报、监视和侦察任务最有效的工具之一。该机可以单独使用，也可以成群部署，它还能作为数据或通信中继，发挥通信卫星的作用。

目前，"扫描鹰" 无人机已经成为全世界使用最广泛、认可度最高的小型无人侦察机，在运行十余年后被至少 17 个国家使用，其中包括美国、日本、加拿大、意大利、荷兰、新加坡、西班牙、波兰等国家。

"扫描鹰"无人机仰视图

机体构造

　　整个"扫描鹰"无人机系统包括2架无人机、1个地面或舰上控制工作站，以及配套的通信系统、弹射起飞装置、拦阻回收装置和运输贮藏箱。无人机可以将机翼折叠后放入贮藏箱，从而降低运输难度。与"扫描鹰"无人机配套的控制工作站有固定型和移动型两种，后者可以装载吉普车等机动性较强的交通工具上。

　　"扫描鹰"无人机的"天钩"回收系统比较特别，它是一根悬在约16米高的杆子上的绳索，可以对"扫描鹰"无人机进行拦阻。"天钩"回收系统使"扫描鹰"无人机降落时不必依赖跑道，从而可以直接部署到前沿阵地、机动车辆或小型舰船上。

"扫描鹰"无人机弹射起飞

美国海军使用"天钩"回收系统回收"扫描鹰"无人机

◆ 电子设备

"扫描鹰"无人机携带有光电和红外摄像机（含稳定系统），安装在导向架上的摄像机可以180度自由转动，具有全景、倾角和放大摄录功能，这使得操作员能轻易跟踪运动目标并获取高质量图像。该机也可装载红外摄像机进行夜间侦察或集成其他传感器。在4800米以上高度飞行的能力和在战场上空超过20小时的滞空时间使得"扫描鹰"无人机能够进行持续的低高度侦察。

舰载型的"扫描鹰"无人机还装备1台转发器，用于扩展舰载自动识别系统的覆盖范围。自动识别系统是一种异频雷达接收机系统，在排水量超过300吨以上的舰船上才能使用，可以发送有关舰船的识别、航线和航速和其他数据的信息。

"扫描鹰"无人机及其发射装置

◆ 动力装置

"扫描鹰"无人机的最大优点是成本低、航时长，其动力装置为1台单缸双冲程发动机，功率为1.12千瓦，巡航速度90千米/时，最大飞行速度148千米/时，最大飞行高度5950米，能够连续飞行超过15小时。"扫描鹰"无人机通过气动弹射发射架发射升空，既可按预定路线飞行，也可由地面控制人员遥控飞行。由于"扫描鹰"无人机体积较小，装备静音型发动机，即使低空飞行也很难被发现。

"扫描鹰"无人机飞离发射装置

重要事件

2012 年 12 月 4 日，伊朗革命卫队称在波斯湾水域上空"俘获"一架侵入伊朗领空的美国"扫描鹰"无人机。这是伊朗第二次捕获美国的无人机，伊朗军方曾在 2011 年 12 月宣布俘获一架美国 RQ-170"哨兵"无人机。

以车辆为载体的"扫描鹰"无人机系统

十秒速识

"扫描鹰"无人机的外形十分小巧，翼展较长，机身相对较短，机翼可以折叠。

怀抱"扫描鹰"无人机的美国海军人员

最大速度下投放炸弹的记录，投弹高度为 20000 米，投弹速度为 2.5 马赫，创下纪录的飞行员为阿维亚德·法斯托维兹。

博物馆中的退役米格 -25R 侦察机

十秒速识

米格 –25R 系列侦察机采用中等后掠上单翼、采用两侧进气、双发、双垂尾布局，头锥部分较为细长。

米格 -25RB 侦察 / 轰炸型侧后方视角

俄罗斯 IL-20 "黑鸭"侦察机

　　IL-20 "黑鸭"（Coot）侦察机是伊留申设计局在 IL-18 民航客机的基础上改进设计的电子侦察机，主要执行区域性电子侦察任务。

研发历史

　　IL-18 民航客机于 1955 年开始设计，1956 年开始制造，1957 年 7 月原型机首次试飞，1959 年 4 月投入航线使用，到 1969 年已在苏联国内 800 条航线上使用。IL-18 民航客机的优异性能很快被苏联军方看中，苏联军方寻求将其改造为反潜机和电子侦察机。

基本参数	
机长	35.9 米
机高	10.17 米
翼展	37.4 米
空重	35000 千克
最大速度	675 千米／时
最大航程	6500 千米
实用升限	11800 米

　　1970 年，苏联在 IL-18 民航客机基础上改进而来的 IL-20 电子侦察机装备部队，北约称其"黑鸭"，苏联又将其称为 IL-18D-36 "野牛"。IL-20 侦察机装备部队后，成为了苏联航空电子侦察的主力军。在冷战期间，IL-20 侦察机频繁出动，为苏联获得电子战数据做出了重要贡献。截至 2017 年 6 月，仍有少量 IL-20 侦察机在俄罗斯军队中服役。

IL-20 侦察机左侧视角

机体构造

IL-20 侦察机的外形与 IL-18 民航客机相同，但加装了大量天线罩与天线，其中在腹部装有长 10.25 米、高 1.15 米的雷达罩，内装侧视雷达天线。在前机身两侧各有 1 个长 4.4 米、宽 0.88 米的整流罩，内装各种传感器及照相机。IL-20 侦察机采用下单翼结构，机身为加压机舱，前三点起落架中的后起落架收于发动机舱内。

IL-20 侦察机准备起飞

电子设备

IL-20 侦察机安装有侧视雷达、照明设备、RP5N-3N 航空雷达、NS-1 多普勒导航系统、电子侦察与干扰设备等。

IL-20 侦察机在提升飞行高度

动力装置

IL-20 侦察机的动力装置为 4 台 AI-20M 涡轮螺旋桨发动机，单台功率 3169 千瓦。该机的最大速度为 675 千米/时，巡航速度为 625 千米/时，最大航程为 6500 千米，续航时间为 12 小时，起飞滑跑距离为 1300 米，降落滑跑距离为 850 米。

重要事件

2012 年下半年，IL-20 侦察机在 7 月、9 月和 10 月连连"造访"日本近海。仅在 9 月，IL-20 侦察机就在 20 日、22 日、24 日三次飞临日本附近，使日本航空自卫队叫苦不迭。

IL-20 侦察机正前方视角

十秒速识

IL-20 侦察机的机身下方有大型整流罩，内装有机载侧视雷达。前部机身两侧安装有光学传感器的小舱，全部机身顶端有大型的刀型天线。机身下部在机载侧视雷达尾部有三个半球形天线罩。

IL-20 侦察机右侧视角

英国"哨兵"侦察机

"哨兵"（Sentinel）侦察机是美国雷神公司为英国空军研制的一款侦察机，于2008年开始服役，截至2017年6月仍然在役。

研发历史

1999年6月，美国雷神公司被英国国防部的"机载防区外雷达"（ASTOR）飞机项目选中，使用庞巴迪公司"环球快车"公务机的机身，装载ASARS-2地面监视雷达系统，推出了"哨兵"侦察机。原型机于2001年8月3日首次试飞，第

基本参数	
机长	30.3米
机高	8.2米
翼展	28.5米
空重	24000千克
最大速度	1090千米／时
最大航程	9250千米
实用升限	14935米

一架采用生产型机身的飞机则于2004年5月26日首次试飞。英国空军共订购了5架"哨兵"侦察机，总投入将近10亿英镑。由于雷达组装的问题，雷神公司一再推迟向英国空军交付"哨兵"侦察机的计划。与"哨兵"侦察机配套的两个地面站和一套训练系统在2006年就已交付，但"哨兵"侦察机直到2008年才正式服役。

在"哨兵"侦察机服役之后不足5年的2010年，英国政府打算阿富汗作战一结束就将之废弃。不过，"哨兵"侦察机在阿富汗、利比亚等作战行动中表现出的高速作战能力促使英国国防部改变了想法，计划让其服役至2018年年底前。为了让"哨兵"侦察机能服役更长的时间，雷神公司计划升级双模监控雷达和卫星通信系统，为了更好评估目标毁伤结果，对光学设备也拟升级。

"哨兵"侦察机正在进行飞行试验

机体构造

　　"哨兵"侦察机是以"环球快车"公务机为基础改进而来，采用后掠式下单翼，后掠式 T 形尾翼带下反角。前部机身背部有雷达罩，机腹下有舟形天线罩。

"哨兵"侦察机正前方视角

"哨兵"侦察机仰视图

电子设备

　　"哨兵"机背的天线罩内安装有全球卫星通信系统"动中通"的全向天线，腹部长条形天线罩则是双模 ASARS-2 地面监控雷达系统的天线，该雷达为合成孔径雷达，具有穿透伪装物探测、浅地表探测和移动目标探测的优秀能力，对地面活动小型慢速目标的探测距离达 360 千米。同时机内还搭载精密的无线电／移动电话截获／侦听／分析设备和光学侦察设备，还有箔条、热焰弹以及拖曳诱饵等多种自我防御装置，用以对抗地面肩扛导弹的袭击。

　　"哨兵"侦察机的机载远程雷达白天和夜晚皆可工作，可以提供媲美卫星的大约 10 万平方千米内高清晰度地面图像。它能在全天候条件下发现任何移动的地面目标，甚至可以判断出 300 多千米外汽车的行驶速度。

"哨兵"侦察机尾部视角

动力装置

　　"哨兵"侦察机的尾部吊挂 2 台劳斯莱斯 BR710 涡轮风扇发动机，单台推力为 65.6 千牛。该机的最大时速为 1090 千米，最大航程达 9250 千米。每架"哨兵"侦察机需要 5 名机组成员（包括 2 名驾驶员、1 名指挥员和 2 名图像分析员），在中途没有加油的情况下，一次可以飞行 9 小时以上。

"哨兵"侦察机起飞瞬间

重要事件

2015 年，雷神公司开始计划为"哨兵"侦察机添加新功能，以便能服役到 2025 年甚至更久。除了为主传感器增加额外的模式之外，雷神公司还在探索为飞机安装新载荷的可能性，如安装 DB-110 远程倾斜摄影相机系统和超谱传感器，使飞机具备在防区外评估炸弹损伤的能力。

"哨兵"侦察机在高空飞行

十秒速识

"哨兵"侦察机最大的两个识别特征就是机身顶部的天线罩和腹部凸出的舟形天线罩。

英国"不死鸟"无人侦察机

"不死鸟"（Phoenix）无人侦察机是英国马可尼公司研制的一款中程无人侦察机，主要用于为炮兵提供定位和识别服务，也可用于侦察。

研发历史

"不死鸟"无人机的研制工作始于1985年，1986年5月完成首次试飞。但因技术和使用等问题，直到1993年9月才获得英国陆军的批准，研制阶段耗费的资金多达1亿英镑，英国陆军原计划订购200架，但后来只给了8个地面控制站和

基本参数	
机长	3.76米
机高	1.67米
翼展	5.6米
空重	175千克
最大速度	166千米／时
续航时间	5小时
实用升限	2800米

50架无人机的合同。"不死鸟"无人机一直服役到2008年，虽然性能存在不足，但为英国无人机发展积累了宝贵的技术和经验。

航展上的"不死鸟"无人机

机体构造

"不死鸟"无人机的机体全部采用复合材料，模块式结构，推进式机翼和尾梁，可置换的机翼、垂尾翼尖等。该机的隐身性能好，具有较高的生存力，在战场上易于维修和运输。"不死鸟"无人机采用卡车运输，并且使用车上的弹射器进行发射。降落方式为降落伞，并装有缓冲装置。该机可以预先设定跟踪轨迹（自动发射和完全自动机动）。

博物馆中的"不死鸟"无人机

"不死鸟"无人机侧面视角

▮▮▮▷ ★ 电子设备

　　"不死鸟"无人机通过一个稳定的旋转臂在腹部安装了1个双轴稳定传感器吊舱，吊舱上包括1个热成像通用模块（TICMII）。TICMII可以昼夜照相，它的视场为60×40度，其上的光学元件是英国皮尔金顿公司所提供的放大倍率为2.5～10倍的望远镜。其上的传感器除了这个红外传感器外，还有一个可控的360度J波段视频数据链路，分为下面两种：窄束J波段命令上行线、实时的图像下行线。

　　当发现一个目标时，"不死鸟"无人机上的传感器可以锁定目标并保持瞄准线，把数据传送到地面数据终端，接着可以传送给地面站，这个地面站可以处在1千米外的地方，在那儿操作者可以选择1个战场的热像或地图显示目标和无人机的位置。"不死鸟"无人机还可以为灵巧炸弹和远程探雷装置指示目标。另外由于其地面站采用改进的数据调制解调器，所以可以直接将所获得的图像信息传送给英国陆军的"阿帕奇"直升机以及英国空军的空中支援机。

"不死鸟"无人机侧前方视角

▮▮▮▷ ★ 动力装置

　　"不死鸟"无人机采用1台WAE342活塞发动机，功率为19千瓦。该机在飞行速度为130千米/时的最大使用高度为2800米，侦察半径为60千米（相对于其地面控制和数据利用站），续航时间超过4小时，在1000米高度下覆盖范围为800平方千米。

"不死鸟"无人机头部特写

重要事件

在持续 3 个月的科索沃战争期间,北约军队司令部认可的损失情况是 48 架各种类型和用途的无人机。其中美国损失了 17 架无人机,德国损失了 7 架无人机,法国损失了 3 架无人机,而英国损失了 14 架"不死鸟"无人机,令英军颜面大失。

"不死鸟"无人机及其发射车

十秒速识

"不死鸟"无人机具有推进式机翼和尾梁,模块化的机翼和垂尾翼尖可以置换,机腹下方有传感器吊舱。

博物馆中的退役 "不死鸟" 无人机

以色列"搜索者"无人侦察机

"搜索者"（Searcher）无人侦察机是以色列航空工业公司研制的一款性能先进的无人侦察机，有 I 型、II 型两种型号。

研发历史

"搜索者" I 型属于以色列第三代无人机系统，1990 年年初在亚洲航展上首次展出，此时第一架样机已经完成，第二架不久后完成。1992 年中期，"搜索者" I 型开始移交以色列国防军。

"搜索者" II 型属于以色列第四代

基本参数	
机长	5.85 米
机高	1.25 米
翼展	8.54 米
空重	500 千克
最大速度	200 千米／时
续航时间	18 小时
实用升限	6100 米

无人机系统，1998 年正式面世。同年，"搜索者" II 型就坠毁了 4 架。以色列国防军发言人称，由于"搜索者" II 型无人机出动频率较高，所以相比而言坠毁数量并不算多。除了以色列军队使用外，"搜索者"无人机还出口到印度、韩国、印度尼西亚、西班牙、泰国和新加坡等国。截至 2017 年 6 月，"搜索者"无人机仍在生产。

新加坡军队装备的"搜索者"Ⅱ型无人机

机体构造

　　"搜索者"Ⅰ型采用上单翼结构，发动机置于机身尾部上方，采用三桨叶螺旋桨推进。起落架为前三点式，可在平地或跑道上滑跑起飞降落，必要时可使用气压弹射器或助推火箭帮助起飞。"搜索者"Ⅱ型采用后掠机翼，发动机、通信系统和导航系统也比"搜索者"Ⅰ型有了改进，具有良好的空气动力学性能，滞空时间长，操作起来也非常方便。

展览中的"搜索者"Ⅰ型无人机

电子设备

　　"搜索者"无人机的机载光电侦察设备包括电视摄像机、前视红外仪、激光目标指示器、激光测距仪，安装在机身下部一个可转动的球形壳体内，转动方位角360度，俯仰角+10度至−110度。根据侦察任务或执行任务的时间是白天还是夜晚，这些设备可采有不同的组合。机上有数据传输设备，可将侦察获得的图像实时传回地面站。

"搜索者" II 型无人机前方视角

动力装置

"搜索者" I 型的动力装置为 1 台活塞发动机，功率为 26.1 千瓦。由于功率较低，其飞行高度受到限制。"搜索者" II 型改为功率较大的转子发动机，功率为 35 千瓦。"搜索者" II 型的飞行高度超过 6000 米，最大任务半径增加到了 170 千米，续航时间达 18 小时。飞行中按预编程序飞行，或在操作员控制下半自主制导。

"搜索者" I 型无人机侧面视角

⫸ 重要事件

1998 年 11 月 20 日，以色列空军 1 架"搜索者"无人机在完成任务后的返航途中坠毁。据悉，该无人机是在与地面控制站失去联系之后，撞上高压线而坠毁。

损毁的"搜索者"无人机

⫸ 十秒速识

"搜索者"Ⅰ型的水平尾翼固定在从机身尾部向后伸出的两根梁上，略微内倾的双垂尾安装在尾翼两端。"搜索者"Ⅱ型的主要变化是加长了翼展，并使机翼适度后掠。

"搜索者"Ⅱ型无人机侧面视角

Chapter 03

预警机

　　预警机是指拥有整套远程警戒雷达系统，用于搜索、监视空中或海上目标，指挥并引导己方飞机执行作战任务的飞机。

美国 E-2 "鹰眼" 预警机

E-2 "鹰眼"（Hawkeye）预警机是美国诺斯洛普·格鲁曼公司研制的一款舰载预警机，于 1964 年 1 月开始服役。E-2 预警机是美国海军目前唯一使用的舰载预警机，也是世界上产量最大、使用国家最多的预警机。

研发历史

20 世纪 50 年代，"福莱斯特"级航空母舰陆续进入美国海军服役，该舰能使用更大型的舰载机，因此美国海军开始规划功能更强大的新一代舰载空中管制预警机，整合当时尚在建构的"海军战术资料系统"（NTDS），这就是 E-2 系列预警机的由来。

基本参数	
机长	17.6 米
机高	24.56 米
翼展	5.58 米
空重	18090 千克
最大速度	648 千米／时
最大航程	2708 千米
实用升限	10576 米

E-2 预警机的首架原型机于 1960 年制造完成，同年 10 月 21 日首次进行试飞。

E-2 预警机的第一种量产型号为 E-2A，于 1961 年 4 月 19 日首次试飞，1964 年 1 月 19 日交付美国海军，开始取代 E-1 "追踪者"预警机成为美国海军制式舰载预警机。E-2 系列的第一种改良型——E-2B 于 1969 年 2 月 20 日首次试飞，截至 1971 年，共有 51 架 E-2A 被升级为 E-2B。在将 E-2A 升级为 E-2B 的同时，美国海军也在开发更新型的 E-2C，其改良幅度更大。E-2C 量产型于 1972 年 9 月 23 日首次试飞，1973 年起交付美国海军。20

世纪 90 年代末期，E-2C 又推出新的改良型，称为 E-2C "鹰眼 2000"。此后，美国海军又提出了 "先进鹰眼" 计划，推出了 E-2D。

E-2 预警机在美国海军航空母舰上降落

机体构造

　　E-2 预警机的背部有一个圆盘状雷达天线罩，这是大多数预警机的主要特征。雷达天线罩的气动构造经过特殊设计，在飞行时可以产生升力，借此减少因装设了雷达而制造的空气阻力。由于该机是为美国海军研制，所以机翼设计为可折叠，以方便在航空母舰上使用。该机采用的是悬臂式梯形上单翼结构，机翼前缘有充气防冰装置，为了方便维护发动机和飞机操纵系统，内侧机翼前缘还可以打开。

E-2 预警机正在提升飞行高度

E-2 预警机仰视图

电子设备

　　早期的 E-2 预警机（E-2A）使用安 /APS-96 雷达，探测距离约 200 千米，可同时追踪 250 个目标。安 /APS-96 雷达采用单延迟线固定目标对消技术，能抑制海上杂波的干扰。之后，E-2 预警机陆续换装了安 /APS-111（E-2B 使用，具备内陆操作能力）、安 /APS-120（E-2C 使用，配备 1 台新的强化稳定性发射机、1 台自动探测器和拥有恒定误警率电路的系统电脑）、安 /APY-9（E-2D 使用）等新型雷达，性能进一步提升。E-2C 还加装了 1 套安 /ALR-59（后来升级为安 /ALR-73）被动探测系统。与水面船舰的雷达相比，E-2 预警机不受地形与地平线造成的搜索范围限制，而居高临下的搜索方式使得任何空中的敌机或导弹都无所遁形。

　　E-2 预警机的标准机组人数为 5 名，包括正驾驶、副驾驶以及 3 名位于后舱的战管人员，其分为雷达官（RO）、战管官（CICO）与空管官（ACO），其中 CICO 在任务执行期间为全机的任务指挥官，负责指挥所有作业；ACO 负责空中管制，并处理通信系统和卫星连线等；而雷达官则为预备的空管官，此外也是机上的武器官。E-2 预警机可在离航空母舰数百千米外进行探测预警作业，并指挥提供防空护卫的战斗机拦截敌方飞行目标。此外，E-2 预警机配备有数据链，可将资料传输给整个战斗群的舰艇，因此其功能不局限于指挥战斗机中队作战。

E-2 预警机的雷达官

动力装置

E-2A 和 E-2B 预警机的动力装置是 2 台 T-56-A-8 涡轮螺旋桨发动机，单台功率为 2320 千瓦。E-2C 和 E-2D 预警机换装了性能更好的 T56-A-427 涡轮螺旋桨发动机，单台功率为 3800 千瓦。

E-2 预警机左侧视角

重要事件

虽然 E-2 预警机一开始是为了美国航空母舰的需求而设计，但是其基本设计良好、功能完备、提升空间大，经过多年改进后也很适合在陆地上空运作，加上价格适中，因此被许多西方国家采用。1982年，以色列的E-2C预警机曾在贝卡谷地之役中指挥以色列空军进行接战，这是除了美国海军以外E-2C预警机的主要实战记录。

E-2预警左侧视角机

十秒速识

E-2预警机在外观上最大的特征就是机背上的一个圆盘状雷达天线罩，两侧机翼各有1台涡轮螺旋桨发动机，水平尾翼两端有垂直尾翼。

E-2预警机在海洋上空飞行

美国 E-3 "望楼"预警机

E-3"望楼"（Sentry）预警机是美国波音公司生产的一款全天候空中预警机，于 1977 年开始服役，截至 2017 年 6 月仍然在役。该机的单价高达 2.7 亿美元（1998 年市值），价格受昂贵的电子设备影响很大。

研发历史

20 世纪 60 年代初，由于轰炸机速度的提高、低空突防方式的广泛采用，以及远距离空对地导弹的出现，原有防空警戒系统已不能满足需要。从 1962 年起，美国空军开始考虑发展新的警戒系统。1963 年，美国空军防空司令部与战术空

基本参数	
机长	46.61 米
机高	12.6 米
翼展	44.42 米
空重	73480 千克
最大速度	855 千米／时
最大航程	7400 千米
实用升限	12500 米

军司令部提出了"空中警戒和控制系统"计划。1970 年，波音公司的方案被选中。1975 年 10 月，E-3 预警机的第一架原型机首次试飞。

E-3 预警机准备起飞

1977 年 3 月，E-3 预警机第一架生产型交付使用。该机先后发展出了 E-3A、E-3B、E-3C、E-3D、E-3F、E-3G 等多种型号，1992 年生产线

关闭前一共生产了68架。除了美国外，英国、法国和沙特阿拉伯等国也采用了E-3预警机。

机体构造

E-3预警机直接在波音707商用机的机身上，加装了旋转雷达模组及陆空加油模组。雷达直径9.1米，中央厚度1.8米，使用两根4.2米的支撑架撑在机体上方。该机采用后掠式下单翼和后掠式垂直尾翼，水平尾翼靠下安装。

E-3预警机侧后方仰视图

E-3预警机正前方仰视图

电子设备

E-3预警机所用的安/APY-1型S波段脉冲多普勒雷达可以在400千米半径以上的范围内侦测高海拔低速飞行体（以雷达地平线为准），而水平脉冲波则可在650千米范围内侦测中低海拔（同样以雷达地平线为准）的空中载具，雷达组中的副监督雷达子系统可以进一步对目标进行辨认和标出敌我机，并消去地面物体造成的杂乱信号。

除了雷达，E-3 预警机还配备了敌我识别器、数据处理、通信、导航与导引、数据显示与控制等机载设备。其中，数据显示和控制系统主要由数据显示器、多用途控制台、电传打字机和辅助显示器组成。机上的操作员通过控制台上的显示器，以文字或者图形的多种格式查看各种信息，并做出各种监视、识别、武器控制、战场管理和通信的操作指令。

E-3 预警机驾驶舱特写

动力装置

E-3 预警机的动力装置是 4 台普惠 TF33-PW-100/100A 发动机，单台推力 93 千牛。在美国空军和北约服役的 E-3 预警机一次加油可滞空 8 小时，而英国、法国、沙特阿拉伯装备的新版本在换装 CFM-56-2 发动机后一次可以飞行 10 小时。E-3 预警机的航程还可以通过空中加油来延长，驾驶舱后上方有空中加油受油口。机上还有乘员轮班休息区。

E-3 预警机左侧视角

重要事件

E-3 预警机在海湾战争的"沙漠盾牌"行动中，是最早投入部署的飞机之一。在战争期间，E-3 预警机执行了超过 400 项任务，记录下的执勤时间长达 5000 小时。在联军 40 次空战胜利中，E-3 预警机参与了其中 38 次。

E-3 预警机俯视图

十秒速识

E-3 预警机背部的雷达罩是 E-3 预警机在外观上与其他飞机相比最特别的地方。两侧机翼各安装了 2 台涡轮风扇发动机。

E-3 预警机起飞瞬间

美国 E-737 "楔尾" 预警机

E-737 "楔尾" （Wedgetail）预警机是美国波音公司为澳大利亚军方研制的大型预警，全称为 "楔尾空中预警和控制系统"。

研发历史

美国是世界预警机研制最为先进的国家之一，目前服役的 E-3 "望楼" 大型预警机和 E-2 "鹰眼" 舰载预警机都是美国预警机的代表作。20 世纪 90 年代中后期，澳大利亚空军开始谋求拥有自己的预警机，这一计划被称为 "楔尾工程"。

基本参数	
机长	33.6 米
机高	12.5 米
翼展	35.8 米
空重	46606 千克
最大速度	955 千米／时
最大航程	6482 千米
实用升限	12500 米

澳大利亚领土和海域较为广阔，客观上需要大型预警机。另外，新技术的不断出现也让澳大利亚采购到高级预警机成为了可能。

2000 年，澳大利亚选择了美国波音公司作为其合作方，以该公司客机作为平台研制新预警机。波音公司选择了波音 737-700 型客机作为载机。2006 年 5 月 20 日，新预警机完成首次飞行。由于是外销用机，因此该机没有美军编号，外界一般称其为 E-737 预警机。2009 年，E-737 预警机开始进入澳大利亚空军服役。此外，韩国和土耳其也有采用。

土耳其空军装备的 E-737 预警机

机体构造

E-737 预警机以波音 737–700 短程客机为载机，由于增加了大型的天线，飞机的材料强度等都进行了改进，飞机阻力也有所增加。为了能够增加航程，该机在机头上面安装了空中受油装置，燃料管安装在机身右舷内壁。主翼安装有燃料抛弃系统。E-737 预警机内部分为飞行操作区、指令控制区、乘员休息区，以及后半部的电子仪器区，各区有中央通道贯通。

E-737 预警机侧前方俯视图

E-737 预警机左侧视角

电子设备

E-737 预警机采用诺斯洛普·格鲁曼公司的多波段多功能电子扫描相控阵（MESA）雷达。该雷达比传统的机载预警与控制系统（AWACS）雷达更有效，因为它不用依靠旋转机械来监控空中目标。它的扫描天线有两块，一块垂直安装在后机身上方，仿佛给飞机加了块"背鳍"；另一块则水平安置在"背鳍"上部，两块天线就像搭积木一样相互叠加组成了一个完整的天线阵。"背鳍"天线可覆盖左右各 120 度角，平面天线可覆盖前后各 60 度，从而构成 360 度全方位覆盖。这种布置方式有效地消除了机身各部位对雷达波的遮挡和干扰。

E-737 预警机在城市上空飞行

E-737 预警机可同时跟踪 300 个目标，在 9000 米高度飞行时探测距离达 850 千米，对战斗机目标下视探测距离为 370 千米，还可使用增程式工作方式提高探测距离。它能在任何天气条件下锁定 600 千米范围内的 180 个目标，同时指挥 24 架飞机作战。由于采用了最新科技成果，E-737 预警机雷达的信息处理速度比 E-2 预警机高出十余倍。此外，它还装备有电子战系统和电子情报侦察系统，可以对敌电子辐射源进行定位和识别，其作用与 E-3 预警机相似，加上高速处理能力和专用的降噪软件，可使 E-737 预警机具有发现隐形飞机或巡航导弹的潜力。

动力装置

E-737预警机安装有2台CFM56-7B27A涡轮风扇发动机，单台推力为118千牛。E-737预警机的最大飞行速度为955千米/时，巡航速度为853千米/时，最大航程超过6000千米，滞空时间大于9小时。

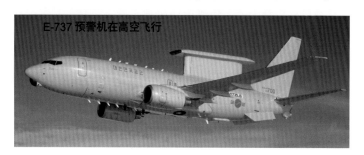

E-737预警机在高空飞行

重要事件

2006年，土耳其和韩国空军都向美国表达了购买E-737预警机的意愿。土耳其将购买E-737预警机的计划称为"和平鹰"计划。2007年，波音公司为土耳其生产的首架E-737试飞成功。韩国购买E-737的计划被称为"和平之眼"计划。2011年8月，韩国空军接收了第一架E-737预警机。

韩国空军装备的E-737预警机

十秒速识

E-737预警机的两块扫描天线像搭积木一样相互叠加在机体后方顶部，这是E-737预警机外形上的最显著特征。

E-737 预警机俯视图

美国 E-767 预警机

E-767 预警机是美国波音公司为日本航空自卫队研制的一款大型预警机，于 1998 年开始装备部队。除了日本购买 4 架外，目前，该 E-767 预警机还没有其他买家。

研发历史

20 世纪 90 年代，日本试图从美国购买 E-3 "望楼" 预警机，该机在海湾战争中的出色表现给日本航空自卫队留下了深刻印象，把它视为世界先进预警机的最高标准。不巧的是，波音公司已经关闭

基本参数	
机长	48.5米
机高	15.8米
翼展	47.6米
空重	85595千克
最大速度	1054千米／时
最大航程	10370千米
实用升限	12200米

了波音 707 机体生产线，所以无法再制造 E-3 预警机。之后，波音公司在美国政府支持下专门为日本生产以波音 767 客机为平台的预警机。

1996 年 8 月，新预警机在美国华盛顿州埃弗雷特基地首次试飞。日本航空自卫队按 E 代表预警机的惯例，将它命名为 E-767 预警机。该机在美国进行了严格的适航性测试。1998 年 3 月，首批 2 架 E-767 预警机进入日本航空自卫队序列，部署在静冈县的滨松空军基地。1999 年 1 月，第二批 2 架 E-767 预警机入役，部署在北海道的千岁空军基地。

停机坪上的 E-767 预警机

▌▌▌◆ 机体构造

E-767 预警机以波音 767-200ER 客机为载体，机内容积是 E-3 预警机的 2 倍，工作平台面积比 E-3 预警机多 50%，利于配备更多的任务系统和设备。E-767 预警机配备 2 名驾驶员，机上另配有预警和控制系统的操作及指挥人员共 20 人。

E-767 预警机右前方视角

E-767 预警机仰视图

▎▎▎▶ 电子设备

E-767 预警机所配备的雷达、航空电子系统和电子战系统都是 E-3 预警机所用设备的改进型。它采用的安 /APY-2 机载预警雷达是 E-3 预警机所用的安 /APY-1 雷达的第二代产品，因而 E-767 预警机的战术技术性能明显比 E-3 预警机优越。E-767 预警机在作战飞行高度上能探测 320 千米外的目标，对高空目标的探测距离达 600 千米，可同时跟踪数百个空中目标，并能自动引导和指挥 30 批己方飞机进行拦截作战。

E-767 预警机侧后方视角

▎▎▎▶ 动力装置

E-767 预警机的动力装置为 2 台通用电气 CF6-80C2 涡轮风扇发动机，单台推力为 273.6 千牛。该机的最大起飞重量达 175 吨，经空中加油其滞空时间为 22 小时。不加油最大航程达 10370 千米，比 E-3 预警机要远 20％。

E-767 预警机起飞

重要事件

在"合作对抗 2003"多国空战演习中，日本 1 架 E-767 预警机伴同 6 架 F-15J 战斗机，经过空中加油，飞越太平洋抵达美国阿拉斯加。

E-767 预警机正在提升飞行高度

十秒速识

E-767 预警机背部的雷达天线罩是 E-767 预警机在外观上与其他飞机相比最特别的地方。两侧机翼各安装了 1 台涡轮风扇发动机。

E-767 预警机左侧视角

苏联图-126"苔藓"预警机

图-126"苔藓"（Moss）预警机是苏联图波列夫设计局研制的大型预警机，20 世纪 60 年代中期投入使用，1984 年从苏联军队退役。

研发历史

1958 年起，苏联开始感受美国核武攻击的可能性，急需一种空中预警系统防御北极沿线，图波列夫设计局将视线瞄准了当时苏联最强的空中平台图-95 轰炸机，试图将其改装为预警机。这一构想获得苏联高层许可，并追加了空中加油功能

基本参数	
机长	56.5 米
机高	16.05 米
翼展	51.4 米
空重	103000 千克
最大速度	790 千米／时
最大航程	7000 千米
实用升限	10700 米

以全天候巡逻。新预警机于 1960 年开始设计，1962 年首次试飞，1965 年投入使用，被命名为图-126 预警机，北约称其为"苔藓"。20 世纪 80 年代初，随着 A-50 预警机装备部队，图-126 预警机逐渐被取代。

报废的图-126 预警机

机体构造

图 -126 预警机是以图 -114 客机（图 -95 轰炸机的改装型）为基础改装而成。机体与图 -114 基本相同，但在机头上加装了空中受油管，尾部有腹鳍，机身上部装有直径为 11 米的旋转雷达天线罩。

图 -126 预警机侧面视角

电子设备

图 -126 预警机装有"平顶柱"机载预警雷达，其性能与美国早期的 E-2 预警机雷达相当，扫描距离 375 千米，采用了延迟线固定目标对消技术，具有海上下视和有限陆上下视能力，可作为截击机或对地攻击机的空中导引指挥站。"平顶柱"雷达可同时处理 80 个目标，同时指挥控制 12～18 架飞机进行作战行动。

除雷达外，图 -126 预警机还装有 SRO-2M 敌我识别器、SIRENA-3 护尾雷达、近距导航仪和远距惯性导航系统等电子设备。通信方面，配备了 R-831/RSIV-5 超高频 / 甚高频电台、RSB-70/R-837 高频电台和 ARL-5 数据链。此外，机上还配备有无源与有源电子对抗设备。

图-126预警机后方视角

动力装置

图-126预警机的动力装置为4台NK-12MV涡桨发动机，单台功率11033千瓦，各驱动2具直径5.6米共轴反转螺旋桨，机内载油量60吨。该机最大起飞重量175吨，最大平飞速度790千米/时，巡航速度520千米/时，实用升限超过10000米，经过空中加油后巡航时间可达20小时。

重要事件

1971年12月，由苏联飞行员驾驶的图-126预警机曾被派到印度参加印巴战争。

图-126预警机与美国A-4攻击机

十秒速识

图-126预警机的机身上部安装有直径长达11米的旋转雷达天线罩，这是图-126预警机非常醒目的外观特征。

俄罗斯 A-50 "支柱" 预警机

A-50 "支柱"（Mainstay）预警机是别里耶夫设计局研制的大型预警机，1984 年开始服役，截至 2017 年 6 月仍在俄罗斯空军和印度空军服役。

研发历史

A-50 预警机于 20 世纪 70 年代末开始研制，目的是与苏联的第三代超音速战斗机米格 -29、苏 -27 等一起组成 20 世纪 90 年代的空中防空体系。该机于 1978 年首次飞行，1984 年开始服役，逐渐取代了苏联第一代预警机图 -126。苏联解

基本参数	
机长	49.59 米
机高	14.76 米
翼展	50.5 米
空重	75000 千克
最大速度	900 千米／时
最大航程	6400 千米
实用升限	12000 米

体后，俄罗斯仍继续使用 A-50 预警机。此外，印度也进口了少量 A-50 预警机。

印度空军装备的 A-50 预警机

机体构造

A-50 预警机是以 IL-76 运输机为基础改进而来的预警机，主要在后者的基础上加装了有下视能力的空中预警雷达，并加长了前机身，其最明显的特点是在机翼后的机身背部安装有直径 9 米的雷达天线罩，这比美国 E-3 预警机靠前，故前半球视界不如后者，但采用高平尾，后半球视界优于后者。

A-50 预警机内可以布置 10 ~ 14 个显控台，可以容纳十几名引导员同时工作。而且还可以携带多余的人员来换班。飞机上空间较大，能为乘员提供短暂休息的场所，有利于保持长时间的战斗力。

A-50 预警机侧后方仰视图

电子设备

A-50 预警机早期配备的"野蜂"雷达是一种高重复频率脉冲多普勒雷达，采用了 S 波段的发射机，发射功率为 20 千瓦。后期的 A-50U 型配备了"熊蜂 M"新型雷达系统，可对敌方电子反制武器进行确定与跟踪，原来存在的强烈噪音和高频行踪问题也有所克服。A-50U 型还加强了目标识别、处理速度、无线通信、精确导航等功能，探测目标距离和跟踪目标数量均有所增加。

A-50 预警机可作为空中雷达、空中引导站和空中指挥所使用。与传统的地面雷达站相比，它除了可以清晰准确地显示目标信号、种类、距离之外，还可以以全景方式显示电子计算机的处理结果，以及己方飞机的综合情况，如机号、航向、高度、速度、剩余燃油等。在空战中，A-50 预警机可用于配合米格 -29、米格 -31 和苏 -27 等战斗机执行防空和战术作战任务，引导战斗机攻击敌方目标。

A-50 预警机正前方仰视图

▌▌▌▷ 动力装置

A-50 预警机的动力装置为 4 台索洛维耶夫设计局的 D-30KP 涡轮风扇发动机，单台最大推力为 120 千牛。由于机内设备重而大，该机的油箱不能完全注满燃油，以防起降时飞机超载。

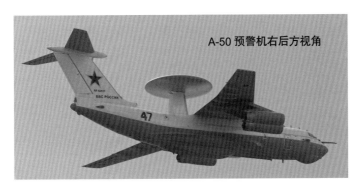

A-50 预警机右后方视角

▌▌▌▷ 重要事件

海湾战争期间，苏联空军飞行员曾驾驶 A-50 预警机在黑海上空巡逻，监视毗邻苏联领空的情况。A-50 预警机作为苏联空军的空中前哨，源源不断地将各种情报发回大本营。

停机坪中的 A-50 预警机

十秒速识

A-50 预警机在机翼后的机身背部安装有直径 9 米的雷达天线罩，飞机头部有空中加油受油杆，机身腹部前后两侧有天线罩，安装有电子对抗监视天线。垂尾根部有辅助动力装置进气口。

A-50 预警机右侧仰视图

以色列"海雕"预警机

　　"海雕"（Eitam）预警机是以色列飞机工业公司研制的一款空中预警机，载机为湾流 G550 公务机，配备了埃尔塔公司的 EL/W-2085 雷达。

研发历史

　　2000 年，以色列国防部立足于本国在电子侦察技术方面的优势,提出了一项"先锋"（Nachson）计划，旨在精心打造一个较为完整的"机载综合信号情报系统"（AISIS）。在实施过程中，"先锋"计划分为三个步骤，首先将推出一种信号情

基本参数	
机长	29.4 米
机高	7.9 米
翼展	28.5 米
空重	21909 千克
最大速度	1041 千米／时
最大航程	12501 千米
实用升限	15545 米

报飞机，接着发展一种空中预警飞机，最后再研制一种对地监视飞机，从而形成一个相互协调和配合的机载空中监视系统。其中，具有多种用途的空中预警机将成为这一系统中的主要角色。

　　以色列国防部根据本国空军的作战使用需要，经过整体性能、安全性、可靠性和成本四项评估，最后选择了美国湾流公司的 G550 公务机作为其机载预警监视系统的平台。为了满足埃尔塔公司加装预警雷达系统和任务电子设备的要求，湾流公司对 G550 公务机进行了大幅度的改装。与以前

曾经改装的大型平台方案相比，G550 公务机的总体尺寸相对较小，这给系统设计和安装带来了较大挑战。对此，埃尔塔公司充分利用自身在雷达领域的丰富经验，研制出了一种更加紧凑的预警雷达系统，其核心部分是 EL/W-2085 雷达。2006 年 5 月 20 日，新预警机首次试飞，随后以色列空军将其正式命名为"海雕"预警机。

"海雕"预警机右侧视角

▌▌▌▶ 机体构造

"海雕"预警机的机身不同部位共安装有 4 个有源相控阵雷达天线，可以覆盖 360 度空域，避免了"平衡木"相控阵天线受到的限制，也不会产生 E-3 预警机旋转雷达罩的阻力和平衡问题。"海雕"预警机的机舱内部分为前后两个部分，前舱用于安装雷达等电子设备，后舱为任务控制工作区，设置有 6 个工作站。

停机坪上的"海雕"预警机

电子设备

相比早期EL/M-2075"费尔康"雷达系统,"海雕"预警机的EL/W-2085雷达系统的尺寸明显减小,安装重量减少了近2/3,但仍然保持着同样的扫描功率,而且基本数据处理能力提高了200倍,在信号处理速度上提高了3000倍。在综合考虑了探测精度、天线尺寸、杂波干扰和隐身目标等方面因素的基础上,"海雕"预警机的雷达系统分别采用了不同的波段。机身两侧的整流罩内有源相控阵雷达天线工作在L波段,具有135度的视场,探测距离比较远,可以进行大多数跟踪。机头和机尾的有源相控阵雷达天线工作在S波段,机头内部装有椭圆形平面阵,视场为40度,机尾内部装有喇叭形天线阵列,视场为50度。

"海雕"预警机的雷达系统突破了以往探测隐身目标或巡航导弹时的技术瓶颈,在世界上首次采用了"探测前跟踪"技术。这是一种自20世纪70年代以来世界各国广泛研究的关键技术,主要目的是改进雷达探测小目标的能力。"海雕"预警机的雷达系统采用了"探测前跟踪"技术后,明显减少了虚警率,在无须增大天线功率的情况下,有助于相控阵雷达探测和跟踪隐身目标。一旦识别了一个可疑目标的位置,相控阵雷达将把更大功率聚集在这个区域。

航展中的"海雕"预警机

动力装置

"海雕"预警机的动力装置为2台劳斯莱斯BR710 C4-11涡轮风扇发动机,单台推力为68.44千牛。该机的升限达到了15545米,具有更开阔的视野，一般在 10600 米高度飞行，航程超过 12000 千米，无须空中加油就可以持续执行 10 个小时的监视任务。由于所安装的相控阵雷达对战斗机、攻击机的探测距离超过 370 千米，"海雕"预警机作战时通常无须进入敌方空域，在本国上空远距离飞行，就能够获得清晰的空中图像。

"海雕"预警机左侧视角

重要事件

　　"海雕"预警机还处在飞行测试期间时，以色列飞机工业公司就专门研制生产了一套任务模拟器，在内瓦迪姆空军基地投入使用，同时还交付了相关的任务计划工作站和任务后汇报系统等支持系统。因此，"海雕"预警机在交付部队后很快就能形成初始作战能力。

"海雕"预警机准备起飞

十秒速识

　　"海雕"预警机的机头经过修形，机尾相应加长，机身两侧分别增加了近似长方形整流罩，用于加装相控阵天线。机头部位有一个较长的"鼻子"，垂尾顶部有一个整流罩。

"海雕" 预警机在跑道上滑行

瑞典 S-100B "百眼巨人" 预警机

S100B "百眼巨人"（Argus）预警机是瑞典空军装备的空中预警机，由萨博公司研制，其公司代号为 SAAB 340 预警机，于 1997 年开始服役。

研发历史

基本参数	
机长	20.57 米
机高	6.97 米
翼展	21.44 米
空重	10300 千克
最大速度	530 千米／时
续航时间	5 小时
实用升限	7620 米

瑞典的预警机计划最早可追溯到 20 世纪 80 年代早期，当时爱立信微波系统公司尝试开发机载预警雷达系统，而且跳过其他国家预警机发展的早期阶段，如传统机载监视雷达、无源相控阵雷达等，直接从机载有源相控阵雷达入手。20 世纪 80 年代中期，爱立信微波系统公司成功地研制出了 FSR-890 "爱立眼"（Erieye）机载有源相控阵预警雷达，并在 1985 年底成功进行了空中试验。

瑞典空军使用美国 "梅特罗" 运输机作为平台，搭载 "爱立眼" 雷达，改装出了 "梅特罗" III 型空中预警机，但其性能并不理想。此后，随着雷达系统技术的不断完善，瑞典空军决定发展实用型且性能先进的预警和控制飞机，并选中萨博 340B 区间支线客机为平台。1994 年，萨博公司把第一架改装过机体的萨博 340B 型客机交付给瑞典空军，同时爱立信微波系统公司开始集成机载预警雷达系统。1995 年，瑞典空军正式将新预警机命名为 S-100B "百眼巨人" 预警机。1997 年 11 月，S-100B 预警机正式服役。

瑞典空军装备的 S-100B 预警机

机体构造

　　与美、俄等国现役的大型预警机相比，S-100B 预警机要小巧得多。它不像美国 E-3 预警机或俄罗斯 A-50 预警机那样都是以大型客机为原型机，而是以小型区间支线客机为原型机。从外形上看，S-100B 没有 E-3、A-50 等预警机那样的大型雷达天线罩，而是在机身上方安装了一个类似平衡木的矩形雷达天线罩，全长 9 米，厚度 0.5 米。天线罩由前后两个支架架设在飞机的"脊梁"上，与机身纵向平等布置。天线罩的前部设有一个进气口，飞行中冷空气由此进入天线罩内，为里面的发热电子设备制冷。

S-100B 预警机侧前方视角

S-100B 预警机俯视图

▶ 电子设备

S-100B 预警机的核心是"爱立眼"雷达系统，它与北约空中防御指挥系统具有完全互通性，系统采用性能可靠的先进固态电子设备、利于升级的开放式系统体系结构和利于成本控制的增强型商业现货供应硬件，包括普通通用型可编程工作站和全彩色液晶显示器。除了雷达外，S-100B 预警机还配备了 FRS-890 战术显控台、TSB2500 敌我识别系统。

S-100B 预警机探测到的雷达图像通过数据链传送到地面防空系统的指挥中心，再进行处理分析。在 6000 米的操作高度上，S-100B 预警机的雷达最大探测范围为 450 千米，能够在一个密集的敌对电子战环境、大量雷达杂乱回波和低目标高度的条件下，在 330 千米的距离上发现战斗机大小的目标。

S-100B 预警机右侧仰视图

▶ 动力装置

S-100B 预警机的动力装置是 2 台 CT7-9B 涡轮螺旋桨发动机，单台功率为 1305 千瓦。该机的最大起飞重量为 13155 千克，最大速度为 530 千米 / 时，作战高度为 6000 ~ 7620 米，续航时间为 7 小时。

S-100B 预警机在高空飞行

重要事件

2008 年，泰国空军向瑞典订购 1 架 SAAB 340 预警机，并于 2010 年接收；阿拉伯联合酋长国向瑞典订购了 2 架 SAAB 340 预警机；希腊曾经向瑞典空军租借 2 架 SAAB 340 预警机。

展览中的 S-100B 预警机

十秒速识

S-100B 预警机呈平衡木状的雷达天线罩使其具有独特的外形，雷达天线罩由前后 2 个支架架设在飞机背部。

S-100B 预警机左侧视角

Chapter 04

电子战飞机

    电子战飞机是一种专门对敌方雷达、电子制导系统和无线电通信设备进行电子侦察、干扰和攻击的飞机。其主要任务是使敌方防空体系失效，掩护己方飞机顺利执行攻击任务。

美国 EP-3 "猎户座" 电子战飞机

EP-3 "猎户座"（Orion）电子战飞机是美国 P-3 "猎户座" 反潜巡逻机的电子战改型，1969 年开始服役，截至 2017 年 6 月仍然在役。

研发历史

EP-3 电子战飞机于 1962 年首次试飞，于 1969 年开始服役，先后有 EP-3A 和 EP-3B 两种型号。1974 年，EP-3 电子战飞机全面替换了 EC-121 "超级星座" 电子战飞机。此后，洛克希德公司又推出了深入改进型 EP-3E。按照 2009 年的市值，每架 EP-3E 电子战飞机的造价约 3600 万美元。

基本参数	
机长	32.28 米
机高	10.27 米
翼展	30.36 米
空重	35000 千克
最大速度	780 千米／时
最大航程	5556 千米
实用升限	9150 米

美国海军共拥有 11 架 EP-3 电子战飞机，最后一架于 1997 年交付。此外，日本海上自卫队也装备了 5 架 EP-3 电子战飞机。EP-3 电子战飞机能够完成多种任务，尤其在监听敌方无线电通信方面作用很大，包括广播、无线电台、电报、对讲机、手机等。

美国海军装备的 EP-3 电子战飞机

日本海上自卫队装备的 EP-3 电子战飞机

机体构造

　　EP-3 电子战飞机和 P-3 反潜巡逻机在外观上有较大差异，前机身下有 1 个大型圆形天线罩，机身上、下各有 1 个长方形天线罩。EP-3 电子战飞机的机舱内设有人工电子信号情报工作站、低波段信号收集工作站、高波段分析工作站、电子情报监视工作站、电子战协调工作站、通信情报机舱等。其中通信情报机舱位于飞机右舷主机舱的尾部，可以为 5 名操作员提供住宿条件，他们的职责包括收集、分析以及整编通信情报。

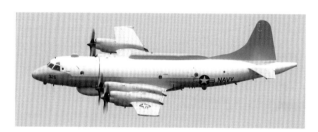

EP-3 电子战飞机左侧视角

电子设备

　　EP-3 电子战飞机的主要任务为电子监听，其机载电子设备多由德克萨斯州 L-3 通信综合系统公司提供，主要电子设备包括 ALQ-76 电子干扰器、ALQ-78 自动化电子支持措施、ALQ-108 敌我识别器干扰器、ALR-132 红外线干扰器、ALR-52 自发式频率量测装备、AAR-37 红外线侦测器等。该机的机组人员有 24 名，包括 7 名军官、3 名飞行员、1 名导航员、3 名战术程序员、1 名飞行工程师，其余为设备操作员、技术员、机械员等。

EP-3 电子战飞机正前方视角

动力装置

EP-3 电子战飞机的动力装置为 4 台艾利森 T56-A-14 涡轮螺旋桨发动机，单台功率为 3450 千瓦。该机的续航时间超过 12 小时，最大航程超过 5500 千米。

EP-3 电子战飞机在高空飞行

重要事件

美国海军的 EP-3 电子战飞机主要装备部署在关岛的 VQ-1 特种航空侦察中队和西班牙洛塔航空站的 VQ-2 特种航空侦察中队。每个中队均会在海外基地（如西太平洋、印度洋、大西洋等地区）进行 6 个月的驻防执勤，驻防结束后通常会在本土进行为期 1 年的训练。

EP-3 电子战飞机侧前方视角

十秒速识

EP-3 电子战飞机的机腹下的圆形天线罩是其最醒目的识别特征，另外在机腹、机背、机翼末梢也布置了很多整流天线罩和刀形、号角形天线。

停机坪中的 EP-3 电子战飞机

美国 EA-6 "徘徊者" 电子战飞机

EA-6 "徘徊者"（Prowler）电子战飞机是美国格鲁曼公司研制的一款舰载双发电子战飞机，由 A-6 攻击机改进而来，主要有 A 型和 B 型两种型号。

研发历史

EA-6 电子战飞机于 1960 年开始研制，前 6 架的机体是以 A-6A 双座攻击机改装而成，初期编号为 A2F-1Q，第一架于 1963 年 4 月首次试飞，同时将编号改为 EA-6A。1964 年，EA-6A 开始服役，

基本参数	
机长	17.7 米
机高	4.9 米
翼展	15.9 米
空重	15450 千克
最大速度	1050 千米／时
最大航程	3861 千米
实用升限	11500 米

前后共制造了 21 架。改进型 EA-6B 于 1968 年 5 月首次试飞，1971 年 7 月开始服役，主要用户为美国海军和美国海军陆战队。按照 1998 年的市值，每架 EA-6B 电子战飞机的造价约 5200 万美元。

EA-6 电子战飞机是美国海军和美国海军陆战队最重要的舰载电子战飞机，其主要任务是干扰敌方的雷达和通信系统，保护舰队水面舰艇和其他作战飞机。2015 年，EA-6B 电子战飞机从美国海军退役，但仍继续在美国海军陆战队服役。

低空飞行的 EA-6B 电子战飞机

机体构造

EA-6A 电子战飞机与 A-6 攻击机在外观上最大的差异是前者加装在垂直安定面顶部的荚舱，用来容纳 ALQ-86 接收机 / 侦测系统所使用的 30 个天线。此外，两边机翼的空气刹车面也被取消。原先 A-6 机身内部支援对地攻击的航空电子系统大部分都被拆除，不过有限度的全天候轰炸能力仍被保留。EA-6B 大幅改进了 EA-6A 的设计，加长了机身，机组成员由 2 名增加到 4 名，其中 1 名为飞行员，另外 3 名为电子对抗装备操作员。

EA-6B 电子战飞机仰视图

电子设备

EA-6 电子战飞机的核心设备是安 /ALQ-99 战术干扰系统，同时还可以携带 5 个外挂电子干扰吊舱。每个吊舱内有两个干扰收发机，干扰机可干扰 7 个波段中的一个。每个吊舱可自行独立供电，由吊舱前端的气动风扇驱动发电机供电。EA-6 电子战飞机能根据任务组合携带吊舱、副油箱和AGM-88 "哈姆" 反雷达导弹。该机垂尾上的整流罩内有灵敏的监视天线，能够探测到远方的雷达辐射信号。各种信号由中央任务计算机处理，探测、识别、定向和干扰频率设定可自动完成，也可由机组人员执行。

EA-6 电子战飞机仰视图

动力装置

EA-6 电子战飞机安装有 2 台普惠 J52-P408 发动机，单台推力为 46千牛。该机最大平飞速度达 1050 千米 / 时，巡航速度为 774 千米 / 时，失速速度为 156 千米 / 时，最大爬升率为 65.5 米 / 秒，起飞滑跑距离为 814 米，着陆滑跑距离为 655 米，正常情况下的航程为 1769 千米，而转场航程可达3861 千米。

EA-6 电子战飞机在高空飞行

重要事件

1998 年，一架美军 EA-6B 电子战飞机在意大利一处滑雪度假胜地低空飞行时，意外割断了一条缆车的缆索，事故造成 20 人死亡。

EA-6B 电子战飞机编队飞行

十秒速识

EA-6 电子战飞机采用悬臂式全金属中单翼，安装 2 台发动机的机身腹部向内凹。起落架为可收放前三点式，前起落架为双轮式，主起落架为单轮式，后机身腹部有着陆钩。

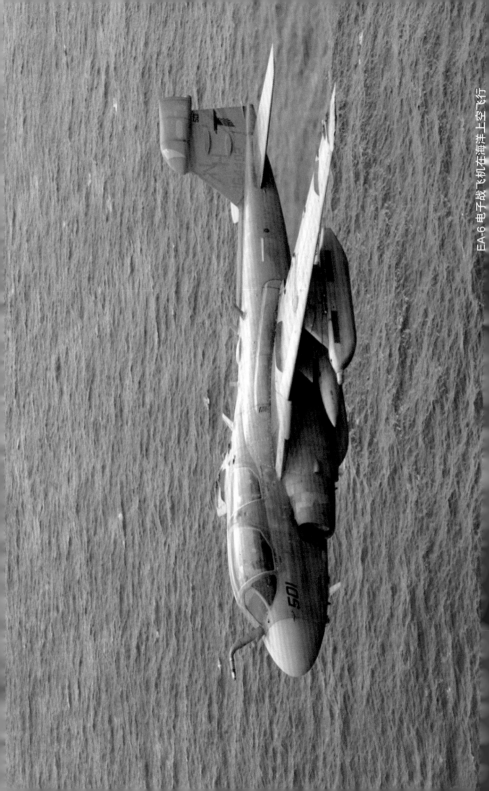

EA-6 电子战飞机在海洋上空飞行

美国EF-111A"渡鸦"电子战飞机

EF-111A"渡鸦"（Raven）是美国通用动力公司和格鲁曼公司以F-111A"土豚"战斗轰炸机为基础研制的一款电子战飞机。

研发历史

1975年3月，EF-111A电子战飞机的气动原型机开始试飞。同年5月，安装有全套干扰系统的第二架原型机开始试飞。1983年，EF-111A电子战飞机开始服役。美国空军共采购了42架EF-111A电子战飞机，每架飞机的总造价约4000万美元

基本参数	
机长	23.17米
机高	6.1米
翼展	19.2米
空重	25072千克
最大速度	2350千米／时
最大航程	3220千米
实用升限	13715米

（F-111A基本造价1500万美元，外加改造费用2500万美元）。1998年，EF-111A电子战飞机退出现役。

EF-111A电子战飞机能执行以下三类任务：远距离干扰，在敌方地面炮火射程以外建立电子屏障，掩护自己的攻击力量；突防护航干扰，伴随攻击机沿航路连续干扰敌方炮瞄准雷达与导弹制导雷达；近距支援干扰，在近距离干扰敌炮瞄雷达与导弹制导雷达，掩护近距支援攻击机。

停放在跑道上的 EF-111A 电子战飞机

机体构造

　　EF-111A 电子战飞机的机身和发动机与 F-111A 战斗轰炸机基本相同，但加强了垂尾，在垂尾翼尖上有电子对抗短舱。另外，还修改了武器舱，加装了机身腹部下舱。EF-111A 电子战飞机的电源系统改为 2 台功率为 90千瓦的发电机，空调系统也有所改进。

EF-111A 电子战飞机左侧俯视图

EF-111A 电子战飞机右侧俯视图

电子设备

EF-111A 电子战飞机的主要机载设备包括安 /ALQ-99E 电子干扰系统、安 /APQ-160 攻击雷达、安 /APQ-110 地形跟踪雷达、安 /ARN-52 "塔康"导航系统、安 /AJQ-20A 惯性导航系统、AP/ALQ-137 电子对抗自卫系统、安 /ALR-62 终端威胁告警系统、安 /ALR-123 雷达干扰接收系统等。

EF-111A 电子战飞机在低空飞行

动力装置

EF-111A 电子战飞机的动力装置为 2 台普惠 TF30-P-3 涡轮风扇发动机，单台推力为 92.7 千牛。该机的最大起飞重量为 40350 千克，最大速度2350 千米 / 时，执行远距离干扰任务时的速度为 595 千米 / 时，突防护航任务时的速度为 940 千米 / 时，近距支援干扰任务时的速度为 856 千米 / 时。与 EA-6B 电子战飞机相比，EF-111A 电子战飞机更适合于承担直接支援任务，其飞行速度较快，活动半径更大。

EF-111A 电子战飞机在高空飞行

重要事件

1992 年，美军面临预算压力，而 EF-111A 电子战飞机在与 EA-6B 电子战飞机的比较中失利，一些国会议员曾怀疑五角大楼是否需要或能否养得起这两种电子战飞机。最终结果是两种飞机都被保留下来。

EF-111A 电子战飞机准备起飞

十秒速识

EF-111A 电子战飞机采用可变后掠翼、悬臂式上单翼，尾翼为倒 T 形，起落架为前三点式。

检修中的 EF-111A 电子战飞机

美国 EA-18G "咆哮者" 电子战飞机

EA-18G "咆哮者" (Growler)电子战飞机是美国波音公司以 F/A-18F "超级大黄蜂" 战斗 / 攻击机为基础研制的电子战飞机,于 2009 年开始服役。

研发历史

21 世纪初,美国海军装备的 EA-6B 电子战飞机已经服役多年,虽然经过多次现代化改造,但机体结构的老化绝对不容忽视。另外,EA-6B 电子战飞机的机动性能不佳,没有空战能力,执行任务必须依靠其他战机护航。所以面对未来战场形势,美国海军迫切需要装备新一代电子战飞机。

基本参数	
机长	18.31 米
机高	4.88 米
翼展	13.62 米
空重	15011 千克
最大速度	1900 千米 / 时
最大航程	2346 千米
实用升限	15000 米

2002 年 12 月,美国海军正式启动 EA-18G 电子战飞机项目,波音公司是主承包商,诺斯洛普·格鲁曼公司负责集成电子战套件。2006 年 8 月,波音公司第一架量产型 EA-18G 电子战飞机在密苏里州圣路易斯市举行了隆重而简短的下线仪式,并进行了首次试飞。在经过众多测试后,EA-18G 电子战飞机于 2009 年 9 月正式服役。截至 2017 年 6 月,EA-18G 电子战飞机的总产量已经超过 100 架,每架飞机的造价为 6820 万美元 (2012 年市值)。

EA-18G 电子战飞机起飞瞬间

机体构造

EA-18G 与 F/A-18F 保留了 90% 的共通性，最大的改动在电子设备上，这无疑能大大降低后勤保障的压力，也节省了飞行员完成新机改装训练所需的时间与费用。EA-18G 的机身采用半硬壳结构，主要采用轻合金，增压座舱采用破损安全结构。机头右侧上方有可收藏的空中加油管。起落架为前三点式，前起落架上有供弹射起飞用的牵引杆。

作为 F/A-18E/F 的衍生机型，EA-18G 具有和前者相同的机动性能，也具备 F/A-18E/F 的作战能力，因此完全可以胜任随队电子支援任务。EA-18G 可挂载和投放多种武器，其中包括 AGM-88 "哈姆"反辐射导弹和 AIM-120 空对空导弹，虽然 EA-18G 没有内置机炮，但其具备一定的空战能力，不仅可以自卫，甚至可以执行护航任务。

EA-18G 电子战飞机右侧视角

EA-18G 电子战飞机仰视图

电子设备

　　EA-18G 电子战飞机拥有十分强大的电磁攻击能力，凭借诺斯洛普·格鲁曼公司为其设计的 ALQ-218V(2) 战术接收机和新的 ALQ-99 战术电子干扰吊舱，它可以高效地执行对地面防空导弹雷达系统的压制任务。ALQ-218V(2) 战术接收机是少有的能够在对敌实施全频段干扰时仍不妨碍电子监听功能的系统。EA-18G 电子战飞机的安 /APG-79 机载雷达由雷锡恩公司设计制造，这种具备电子对抗能力的雷达采用了与 F-22、F-35 战斗机相同的有源相控阵技术，使得 EA-18G 电子战飞机可以轻易地在使用雷达的其他功能时分出一部分 C/R 单元对敌进行离散的干扰压制。

　　EA-18G 电子战飞机安装有 USQ-113(V) 通信对抗系统，它拥有指挥、控制和通信对抗（C3CM）、电子支援措施（ESM）及通信等多种任务模式，在 VHF/UHF 频段工作。此外，EA-18G 电子战飞机还装备了基于 16 号数据链的联合战术信息分发系统（JTIDS），它采用了高速跳频、跳时、直接序列扩频和纠错编码等多种反侦察和抗干扰措施。

EA-18G 电子战飞机发射干扰弹

▌▌▌▌▶ 动力装置

EA-18G 电子战飞机的动力装置为 2 台通用电气公司研制的 F414-GE-400 低涵道比涡轮风扇发动机，单台加力推力 97.9 千牛。该发动机在高迎角状态下有很好的压缩机失速特性，即使偶尔失速也能通过发动机和加力燃烧室再次点火迅速自行恢复。发动机响应迅速，从怠速到全加力状态只需 4 秒。

EA-18G 电子战飞机从美国海军航空母舰上起飞

▌▌▌▌▷　**重要事件**

　　2011 年 7 月 9 日，美国海军第 132 电子攻击机中队（VAQ-132）的 EA-18G 电子战飞机完成了一次为期 8 个月的部署，期间参加了北约在伊拉克的作战行动。随后该中队很快转移到了意大利，为北约组织在利比亚的作战行动提供了支援。

EA-18G 电子战飞机编队飞行

▌▌▌▌▷　**十秒速识**

　　EA-18G 电子战飞机采用双发后掠翼和双立尾的总体布局，机翼为悬臂式中单翼，后掠角不大。尾翼也采用悬臂式结构，平后和垂尾均有后掠角，平尾低于机翼。

机翼折叠后的 EA-18G 电子战飞机

美国EC-130H"罗盘呼叫"电子战飞机

EC-130H"罗盘呼叫"（Compass Call）电子战飞机是美国空军装备的专门用于干扰敌方通信的电子战飞机，由C-130"大力神"运输机改装而来。

研发历史

EC-130H电子战飞机是美国洛克希德公司在C-130运输机的基础上发展起来的电子战飞机，该机是美国空军专门用于C3对抗的电子战飞机，可对敌方空军无线电通信和指挥系统以及导航设施进行干扰。

基本参数	
机长	29.3米
机高	11.4米
翼展	39.7米
空重	45813千克
最大速度	637千米／时
最大航程	3694千米
实用升限	7600米

EC-130H电子战飞机于1982年4月开始服役，美国空军共装备了18架。截至2017年6月，EC-130H电子战飞机仍然在役。

EC-130H 电子战飞机左侧视角

||||★▷ **机体构造**

  EC-130H 电子战飞机采用上单翼、四发动机的机身布局，机身为铝合金半硬壳式结构。该机的主起落架舱也设计得很巧妙，起落架收起时处在机身左右两侧旁突起的流线型舱室内。与 C-130 运输机相比，EC-130H 电子战飞机在外形上的主要变化是机身外部增加了几个大型刀形天线和下垂天线。

EC-130H 电子战飞机仰视图

EC-130H 电子战飞机右侧视角

电子设备

　　EC-130H 电子战飞机的主要电子设备包括安 /ALQ-62 侦察告警系统、SPASM 干扰系统、安 /APQ-122 多功能雷达、安 /APN-147 多普勒雷达、安 /AAQ-15 红外侦察系统、安 /ARN-52 "塔康" 导航系统等。该机的干扰距离远，可在距目标区 120 千米以外对通信设备进行干扰，既能达到干扰目的，又可保证本机安全。另外，该机干扰频率宽、功率大，可一面接收敌方通信信号，一面对其无线电指挥通信和导航设备进行压制干扰。

EC-130H 电子战飞机侧后方视角

动力装置

　　EC-130H 电子战飞机的动力装置为 4 台艾利森 T56-A-15 涡轮螺旋

桨发动机，单台功率为 3377 千瓦。该机的最大起飞重量为 70000 千克，最大平飞速度为 637 千米 / 时，巡航速度为 556 千米 / 时。EC-130H 电子战飞机的作战半径为 1000 千米，转场航程超过 3600 千米。

EC-130H 电子战飞机在高空飞行

重要事件

在海湾战争的空袭阶段，美军的 EC-130H、EF-111、EA-6B 电子战飞机均有参战。在首次空袭时，先由 EF-111 在距目标区 160 千米处干扰敌方雷达系统，再由 EC-130H 在距目标区 120 千米处对通信设备进行干扰，然后出动 F-15、F-16 等战斗机清理空域，F-4G "野鼬鼠" 电子战飞机用反辐射导弹摧毁敌方雷达，最后再由攻击机、轰炸机实施轰炸。

EC-130H 电子战飞机编队

▌▌▌▌▷ 十秒速识

　　EC-130H 电子战飞机由 C-130 运输机改装而来，与后者相比，EC-130H 电子战飞机的翼下吊舱和尾部增加了几个大型刀形天线和下垂天线。飞机尾部还有可伸展到数百米的下垂天线。

EC-130H 电子战飞机正前方视角

Chapter 05

反潜机

　　反潜机是指担任搜索、标定与攻击潜艇的军用飞机。常见的反潜机有固定翼飞机和直升机两种形态，有的从陆地机场操作，也有的从水面舰艇起降。反潜机具有快速、机动的特点，能在短时间内居高临下地进行大面积搜索。

美国 S-3 "维京" 反潜机

S-3 "维京"（Viking）反潜机是美国洛克希德公司（现洛克希德·马丁公司）研制的一款双发喷气式反潜机，于 1974 年开始服役。

研发历史

S-3 反潜机是针对美国海军 20 世纪 70 年代后半期反潜任务而设计的舰载反潜机，用以取代 S-2 反潜机，以配合 P-3 反潜巡逻机使用。S-3 反潜机的作战任务主要是对潜艇进行持续的搜索、监视和攻击，对己方的重要海军兵力进行反潜保护。

基本参数	
机长	16.26 米
机高	6.93 米
翼展	20.93 米
空重	12057 千克
最大速度	828 千米／时
最大航程	6237 千米
实用升限	12465 米

美国海军于 1967 年 12 月提出 S-3 反潜机的研制计划，1969 年 8 月 1 日与洛克希德公司签订 S-3 反潜机研制合同，1971 年 11 月 8 日原型机出厂，1972 年 1 月 12 日首次试飞，1974 年 2 月 20 日开始交付美国海军使用。该机于 1978 年停止生产，共生产了 188 架。按照 1974 年市值，每架 S-3 反潜机的造价为 2700 万美元。2016 年，S-3 反潜机从美国海军退役。

S-3反潜机正前方视角

▐▐▐▐ ★ 机体构造

S-3反潜机采用悬臂式上单翼，在内翼下吊装了2台涡轮风扇发动机，位置比较靠近机身，以便使用1台发动机进行巡航飞行，从而节省油耗。机身为全金属半硬壳式破损安全结构，分隔式武器舱带有蚌壳式舱门。外段机翼和垂直尾翼可折叠，以便于舰载。机身有两条平行的纵梁，自前起落架接头处一直伸展到着陆拦阻钩处，弹射起飞和拦阻着舰时通过这两个梁将载荷均匀分布到机身上，此梁在水上迫降或机身着舰时，起保护乘员的作用。可碎玻璃座舱盖在机身顶部，以便于应急情况下弹射乘员。机组成员共4人，分别是前舱的正副驾驶和后舱的战术协调员、声呐员。

S-3反潜机正前方仰视图

S-3 反潜机的机腹

反潜能力

S–3反潜机采用安/ALR–47型ECM电子战系统，具有电子支援（ESM）、电子情报收集（ELINT）、雷达侦测（RWR）三种功能。ESM主要用于潜艇的探测及识别，ELINT能够判断无线电辐射的种类及来源，RWR能够分析敌方无线电的威胁程度，进而发出响应警报。S–3反潜机的反潜数据处理、控制和显示系统包括1832A多用途数字计算机、声学数据处理机、声呐浮标接收机、指令信号发生器和模拟磁带记录器等。非声学探测装置包括安/APS–116高分辨率雷达、OR–89/AA前视红外扫描器、安/ASQ–81磁异探测器和校正设备、ALR–47被动电子对抗接收机和瞬时频率测量系统。

S–3反潜机的分隔式武器舱内备有BRU–14/A炸弹架，可装4枚Mk 36空投水雷、4枚Mk 46鱼雷、4枚Mk 82炸弹、2枚Mk 57或4枚Mk 54深水炸弹，或者装4枚Mk 53水雷。BRU–11/A炸弹架安装在两翼下外挂架上，可带SUU–44/A照明弹发射器，Mk 52、Mk 55、Mk 56水雷、Mk 20集束炸弹、Aero 1D副油箱或2具LAU–68A、LAU–61/A、LAU–69/A、LAU–10A/A火箭巢。

S-3 反潜机左侧视角

动力装置

　　为了长时间在海上搜索潜艇，S-3 反潜机安装了 2 台低耗油量的通用动力 TF34-GE-24 涡轮风扇发动机，单台推力为 41.26 千牛。这种发动机的加速性较好，能在 3.5 秒内由进场状态加速到 95% 的推力，以保证复飞。机内可带燃油 7192 升，翼下挂架也可带 2 个 1136 升副油箱。

S-3 反潜机从美国海军航空母舰上起飞

重要事件

　　2003 年 5 月 1 日，时任美国总统小布什在圣迭戈登上 S-3 反潜机副驾驶位置，降落在"林肯"号航空母舰上，随后向全世界宣布伊拉克战争大规模作战行动结束。

S-3反潜机降落在美国海军航空母舰上

十秒速识

S-3反潜机在肩部安装三角翼，机翼下吊挂2台涡轮风扇发动机。垂直尾翼可以折叠，机尾有着陆拦阻钩。

S-3反潜机编队飞行

美国 P-3 "猎户座" 反潜巡逻机

P-3 "猎户座" (Orion) 反潜巡逻机是美国洛克希德公司 (现洛克希德·马丁公司) 研制的一款海上巡逻和反潜飞机。

研发历史

1957 年 8 月，美国海军开始寻找 P-2 "海王星" 反潜巡逻机的后继机，为此发布了新的高性能反潜机的设计草案。为了早日列装，同时也节省一些经费，美国海军建议制造商通过改进现有的飞机以满足这一要求。因此，洛克希德公司选择在 L-188 "伊莱克特拉" 民航客机的基础上设计新型反潜巡逻机。

基本参数	
机长	35.6 米
机高	11.8 米
翼展	30.4 米
空重	35000 千克
最大速度	750 千米 / 时
最大航程	8944 千米
实用升限	8625 米

洛克希德公司于 1958 年中标，同年 8 月 9 日气动原型机首飞，搭载全部设备的 YP-3A 于 1959 年 11 月 25 日试飞。1962 年 8 月，P-3 反潜巡逻机正式服役。该机于 1990 年停止生产，洛克希德公司共生产了 650 架，日本川崎重工业公司通过授权生产了 107 架。按照 1987 年市值，每架 P-3 反潜巡逻机的造价约 3600 万美元。除美国和日本外，P-3 反潜巡逻机还被阿根廷、澳大利亚、巴西、智利、德国、希腊、伊朗、荷兰、挪威、巴基斯坦、葡萄牙、韩国、泰国、西班牙等国家采用。

P-3反潜巡逻机俯视图

机体构造

　　P-3反潜巡逻机保留了"伊莱克特拉"客机的机翼、尾部、动力系统、大部分机身设计和很多其他主要组件。不过，P-3反潜巡逻机的机身比"伊莱克特拉"客机短2.1米左右，有1个内置武器舱，里面放置的是用于反潜作战的航空电子设备。P-3反潜巡逻机采用悬臂下单翼和增压机舱，机身为传统铝合金结构。

P-3反潜巡逻机正面视角

P-3 反潜巡逻机仰视图

反潜能力

P-3 反潜巡逻机的机载电子设备功能强大，有安 /APS-115 机载搜索雷达、LTN-72 惯性导航和安 /APN-227 远程导航系统、安 /ASW 飞行控制系统、安 /ASQ-114 通用资料计算机、安 /AYA-8 资料处理设备和计算机控制显示系统、AQS 磁异探测器、ASA-64 水下异常探测器、ARR-72声呐信号接收机、安 /ACQ-5 数据链以及 ALQ-64 电子对抗设备等。

P-3 反潜巡逻机的机翼前有 1 个 3.91 米长的弹舱，机翼下有 10 个挂架，可以携带 AGM-65 空对地导弹、AGM-84 反舰导弹、Mk 46 鱼雷、Mk 50鱼雷、MU-90 鱼雷、深水炸弹、水雷等武器，还可以携带各种声呐浮标、水上浮标、照明弹等。

P-3 反潜巡逻机正前方仰视图

动力装置

P–3 反潜巡逻机安装有 4 台艾利森公司的 T56–A–14 涡桨发动机，单台功率为 3661 千瓦，各驱动 1 具 54H60–77 四叶恒速螺旋桨。该机在执行许多任务时经常会将 1 台发动机熄火，通常是一号发动机（即左外发动机，它是 P–3 反潜巡逻机 4 台发动机中唯一没有发电机的 1 台，因而不需要为机上的电子仪器发电），以节省燃料延长滞空时间，若是飞机重量、天气和剩余油量许可的话常常 2 台外发动机都会熄火。在执行远程的国境巡逻任务飞行可能会持续超过 10 小时，并能带上更多驾驶员和组员。

P-3 反潜巡逻机在山区上空飞行

重要事件

1987 年 9 月 13 日，挪威空军的 1 架 P–3 反潜巡逻机在巴伦支海苏联沿岸执行侦察任务时，遭遇苏联空军第 10 防空军第 941 飞行团的 1 架战斗机拦截，即当时刚服役的苏 –27 战斗机。苏 –27 三次逼近 P–3，第三次逼近 P–3 时，从 P–3 的右翼下方高速掠过，用垂直尾翼在 P–3 右侧的一号发动机上，像手术刀一般划开了一个大口子，造成右外发动机当即熄火，P–3 险些坠毁，而苏联战机则因垂尾损坏很快返航。

P-3 反潜巡逻机侧面视角

十秒速识

因为 P-3 反潜巡逻机改装自民用支线客机，所以外形上也与民用客机相似，但其尾部细长的棒状磁异探测器是其与民用客机最大的区别。

P-3 反潜巡逻机沿海岸线巡逻

美国P-8"波塞冬"反潜巡逻机

P-8"波塞冬"（Poseidon）反潜巡逻机是美国波音公司研制的一款反潜巡逻机，主要用途为海上巡逻、侦察和反潜作战。

研发历史

基本参数	
机长	39.47米
机高	12.83米
翼展	37.94米
空重	62730千克
最大速度	907千米／时
最大航程	8300千米
实用升限	12496米

20世纪90年代初，美国海军认为只需通过延寿项目的执行，就能让P-3反潜巡逻机焕发新生，因而取消了两项原定的机队更新计划。等到美国海军参与了20世纪90年代末期的科索沃及巴尔干半岛战争时，由于P-3反潜巡逻机的任务太过繁重，才觉得P-3机队老化以及使用科技都已过时，操作成本已到了难以忍受的程度。美国海军最初的构想是继续进行P-3反潜巡逻机的延寿工程。2001年初，美国海军改变主意，决定取消P-3反潜巡逻机的延寿方案，把经费用来加快"多任务反潜巡逻机"项目。

2004年6月14日，美国海军比较了波音公司与洛克希德·马丁两家公司规划案在技术、管理、经费、时程等方面的差异后，宣布由波音公司赢得了总金额39亿美元的系统发展验证合约，并制造了5架全尺寸原型机和2架生产型飞机。2005年3月22日，美国海军为新型反潜巡逻机赋予P-8编号，2005年11月4日完成初步设计审查。2009年4月25日，P-8反潜巡逻机首次试飞。2013 年 11 月，P-8 反潜巡逻机进入美国海军服役。此外，该机还被澳大利亚空军、印度海军、挪威空军、英国空军采用。

P-8 反潜巡逻机正在提升飞行高度

机体构造

P-8 反潜巡逻机的设计源自于波音 737 客机，它比 P-3 反潜巡逻机的螺旋桨动力有更大效能和巡航力，平均高出 30%。P-8 反潜巡逻机的机身采用铝合金半硬壳式结构，起落架为液压可收放前三点式，应急时可靠重力自行放下。机翼采用悬臂式中单翼，机翼结构为铝合金破损安全设计的抗扭盒形结构。尾翼、方向舵、升降舵等处广泛采用了玻璃钢结构。

P-8 反潜巡逻机侧后方视角

反潜能力

与 P-3 反潜巡逻机相比，P-8 反潜巡逻机内部的大空间能安装更多设备，翼下也能挂载更多武器。P-8 反潜巡逻机有 5 个内置武器挂载点与 6

个外置武器挂载点，可以使用 AGM-84 "鱼叉" 反舰导弹和 AGM-65 "小牛" 空对地导弹，还可挂载 15000 千克炸弹、鱼雷或水雷等武器。

P-8 反潜巡逻机装有雷神公司研制的安 /APY-10 雷达，具有 6 种不同的工作模式：彩色气象模式，侦测气象信息以躲避暴风区；合成孔径雷达模式，专责静止目标、地面区域、海岸线、海面环境的实时显像；反合成孔径雷达模式，专责于远距离外，对海面或地面目标进行辨认及实时显像。特别适合搜索、辨认岸边小而快速移动的船艇；导航模式，对海岸线、海洋及地面进行地形绘图；潜望镜搜索模式，专责于不良海况情况下，搜索短暂露出海面的小型目标；区域搜索模式，搜索及追踪远距离的海面目标。

P-8 反潜巡逻机驾驶舱特写

动力装置

P-8 反潜巡逻机由 2 台 CFM56-7B 涡轮扇发动机推动，单台推力达 120 千牛，所以 P-8 反潜巡逻机的飞行速度远超 P-3 反潜巡逻机。P-8 反潜巡逻机拥有较大的航程，巡航速度为 815 千米/时，飞行高度超过 12000 米。

P-8 反潜巡逻机在高空飞行

||||▷ 重要事件

2014 年，从马航 MH370 客机失联后的第一天起，东南亚地区的海军就派出了巡逻机来搜救这架飞机以及任何可能的幸存者，但没有结果。随着新信息的不断披露，人们推断失联客机可能出现在两大圆弧形走廊地区，北部走廊延伸到中亚，而南部走廊则深入南印度洋，于是各国出动了越来越多的巡逻机进行空中搜索，美国海军也派出了 P-8 反潜巡逻机。

P-8 反潜巡逻机在近海飞行

||||▷ 十秒速识

P-8 反潜巡逻机采用后掠式下单翼，翼下 2 台涡轮风扇发动机装在减重后的发动机舱内。尾翼由后掠式垂直尾翼和下置水平尾翼构成。机尾有长长的磁异探测器。

P-8 反潜巡逻机右侧视角

美国 SH-2 "海妖" 直升机

　　SH-2 "海妖"（Seasprite）直升机是美国卡曼公司研制的一款反潜直升机，于 1962 年开始服役。截至 2017 年 6 月，改进型 SH-2G 直升机仍在埃及、新西兰、秘鲁、波兰等国服役。

研发历史

　　SH-2 直升机于 1959 年 7 月 2 日首次试飞，1962 年 12 月开始服役。该直升机有 UH-2B、UH-2C、HH-2C、HH-2D、SH-2D、SH-2F、SH-2G 等多种衍生型。截至 1993 年底，仅有 SH-2F、SH-2G 还在服役。其中 SH-2G 是 "海妖" 系列最后一种改进型，被称为 "超海妖"（Super Seasprite）。

基本参数	
机长	15.9 米
机高	4.72 米
旋翼直径	13.41 米
空重	3193 千克
最大速度	265 千米／时
最大航程	679 千米
实用升限	6860 米

　　"海妖" 系列直升机的用户较多，包括美国、新西兰、澳大利亚、埃及、秘鲁、波兰等国。美国海军装备的 SH-2G 直升机于 2001 年退役，澳大利亚海军装备的 SH-2G 直升机于 2008 年退役。截至 2017 年 6 月，其他国家装备的 SH-2G 直升机仍然在役。

新西兰军队装备的 SH-2G 直升机

机体构造

SH-2 直升机的机身为全金属半硬壳式结构，具有防水功能。机头整流罩可以从中线分开向后折叠到两侧，以便减小直升机存放时所需要的机库空间。尾斜梁上装有固定的水平安定面。该机采用后三点式起落架，主起落架为双轮，可向前收起。后起落架为单轮，不可收放。后起落架机轮在直升机滑行时可完全转向，起飞和着陆时在纵向位置锁定。主轮为 8 层无内胎轮胎，尾轮为 10 层无内胎轮胎。

SH-2 直升机安装有卡曼公司的 101 型旋翼系统。旋翼桨毂由钛合金制成，旋翼桨叶为全复合材料，桨叶与桨毂固定连接，通过桨叶后缘的调节来进行变距。旋翼桨叶 4 片（可人工折叠），尾桨桨叶为 4 片。该旋翼系统改善了机动性，提高了有效载荷，增加了航程和续航时间。

SH-2G 直升机侧前方视角

反潜能力

SH-2 直升机在机头下方安装有 LN-66HP 大功率水面搜索雷达，机身右侧支架上安装有 ASQ–81 磁异探测器，机身左侧安装有 15 个安 /SSQ–41 被动声呐浮标或安 /SSQ–47 主动声呐浮标。此外，该直升机还配装有安 /APN–182 多普勒雷达、安 /APN–171 雷达高度表、安 /ARR–52A 声呐浮标接收机、安 /AKT–22 数据传输线路、ALR–54 电子对抗设备、安 /ARN–21 导航系统、安 /APX–72 敌我识别器、安 /ARA–25 测向器、安 /ARC–159 甚高频通信设备等电子设备。SH–2 直升机可携带 1 ~ 2 枚 Mk 46 或 Mk 50 鱼雷，每侧舱门外可安装 1 挺 7.62 毫米机枪。

SH-2G 直升机正在提升飞行高度

动力装置

　　SH–2 直升机的动力装置为 2 台通用电气公司的 T700–GE–401 涡轮轴发动机，并列安装在旋翼塔座两侧，单台功率为 1285 千瓦。该直升机的基本燃油量为 1802 升，其中包括两个外部燃油量共为 757 升的副油箱。另外，SH–2 直升机还有舰对空直升机空中加油装置。

SH-2G 直升机左侧视角

重要事件

埃及于 1995 年 2 月签订了采购 10 架 SH-2G 直升机的合同，合同金额为 1.5 亿美元，于 1997 年 10 月 21 日开始交付；澳大利亚海军订购了 11 架 SH-2G 直升机，从 2001 年开始交付；新西兰订购了 4 架 SH-2G 直升机，从 2000 年开始交付。

SH-2 直升机侧前方视角

十秒速识

SH-2 直升机的旋翼桨叶和尾桨桨叶都是 4 片，起落架为后三点式，主起落架为双轮，后起落架为单轮。

美国海军 SH-2 直升机降落在"长滩"号巡洋舰上

美国 SH-3 "海王" 直升机

　　SH-3 "海王"（Sea King）直升机是美国西科斯基飞机公司研制的中型通用直升机，于 1961 年开始服役，2006 年从美国海军退役，但仍在其他国家服役。

研发历史

　　1957 年 9 月 23 日，西科斯基飞机公司获得美国海军的初步合同，开始研制一种用于"协同反潜作战"的两栖反潜直升机。1959 年 3 月 11 日原型机首次试飞，1961 年 9 月开始交付使用。该机被

基本参数	
机长	16.7 米
机高	5.13 米
旋翼直径	19 米
空重	5382 千克
最大速度	267 千米／时
最大航程	1000 千米
实用升限	4481 米

西科斯基飞机公司称为 S-61 直升机，而美国海军则将其命名为 SH-3 "海王"直升机。美国海军 SH-3 直升机的主要任务是舰队反潜作战，除了侦察与追踪邻近的苏联潜艇之外，必要时也可进行攻击任务。除了反潜之外，SH-3 直升机也经常被用于执行搜救、运输、反舰与空中预警等任务。

　　除美国外，阿根廷、巴西、丹麦、加拿大、印度、伊朗、伊拉克、意大利、日本、马来西亚、秘鲁、沙特阿拉伯、西班牙、委内瑞拉等多个国家也采用了"海王"直升机。1979 年 3 月 11 日，"海王"原型机首次试飞二十

周年之际，900 架军用型"海王"直升机已累积飞行时间 300 万小时以上，130 架民用型直升机也已累积飞行时间 81.5 万小时。

SH-3 直升机编队飞行

机体构造

SH-3 直升机的机身为矩形截面、船身造型，能够随时在海面降落。机身左右两侧各设 1 具浮筒以增加横侧稳定性，后三点式起落架能够收入浮筒及机身尾部。舱内可以放搜索设备或人员物资，机身侧面设有大型舱门方便装载。

SH-3 直升机配备由 5 叶旋翼及 5 叶尾桨组成的全金属旋翼系统，旋翼桨叶由 1 根铝合金挤压的 D 形大梁、23 块铝合金后段件和桨尖整流罩组成。旋翼桨叶有裂纹检查装置。桨叶可以互换，可以自动折叠。旋翼桨毂是全铰接式金属结构，旋翼装有刹车装置。尾桨桨叶由铝合金蒙皮、实心前缘金属大梁及蜂窝夹芯结构组成。尾桨桨叶可单独互换。

旋翼折叠后的 SH-3 直升机

反潜能力

　　SH-3 直升机的机载设备包括本迪克斯公司的 AQS-13 声呐；汉密尔顿标准公司的自动增稳设备；自动过渡到悬停设备；声呐耦合器与特里达因公司的 APN-130 多普勒雷达和雷达高度表联用，可自动保持高度。

　　SH-3 直升机典型的武器配置为 4 枚鱼雷、4 枚水雷或 2 枚 "海鹰"反舰导弹。该直升机具有全天候作战能力，可装载 2 名声呐员，携带声呐设备、深水炸弹、可制导鱼雷等共计 380 千克的物品，进行 4 小时以上的海上反潜作业。

SH-3 直升机正在使用吊放声呐

动力装置

　　SH-3 直升机在机身顶部并列安装了 2 台通用电气公司的 T58-GE-10 涡轮轴发动机，单台功率为 1045 千瓦。2 台发动机通过自由行程离合器和旋翼刹车装置传动主减速器而驱动旋翼，采用钢制传动轴。主减速器到尾桨的传动轴通过中间减速器和尾减速器驱动尾桨。SH-3 直升机的机腹有 3 个油箱，前油箱容量为 1314 升，中央油箱容量为 500 升，后油箱容量为 1336 升，总燃油容量为 3180 升。

SH-3 直升机右前方视角

▌▌▌▌★▶ 重要事件

1962 年 5 月 24 日，当"水星－擎天神 7 号"（Mercury-Atlas 7）载人太空任务的太空舱降落回地球表面时，美国海军派出 SH-3 直升机负责回收任务。在 1971 年 2 月 9 日"阿波罗 14 号"登月任务结束时，也是由 1 架配属于"新奥尔良"号两栖攻击舰（LPH-11）上的 SH-3 直升机负责将降落在南太平洋海面上的太空舱打捞回来。

SH-3 直升机正在执行反潜任务

▌▌▌▌★▶ 十秒速识

SH-3 直升机的机身呈船形，旋翼桨叶和尾桨桨叶都为 5 片，起落架为后三点式，2 个主起落架是双轮，尾轮为固定式。

SH-2 直升机左侧视角

美国 SH-60 "海鹰"直升机

　　SH-60 "海鹰"（Seahawk）直升机是美国西科斯基飞机公司研制的一款中型舰载直升机，以 UH-60 "黑鹰"通用直升机为基础改进而来，主要用于反潜任务，后期版本具备发射反舰导弹的能力。

研发历史

　　20 世纪 70 年代末，西科斯基飞机公司依照美国海军的需求重新打造了 UH-60 "黑鹰"直升机，以替代老化的 SH-2 "海妖"直升机。1979 年 12 月，SH-60 "海鹰"直升机首次试飞。1983 年 4 月，生产型开始交付使用。除了美国外，

基本参数	
机长	19.75 米
机高	5.2 米
旋翼直径	16.35 米
空重	6895 千克
最大速度	270 千米／时
最大航程	834 千米
实用升限	3580 米

SH-60 直升机还外销到澳大利亚、巴西、丹麦、希腊、日本、韩国、沙特阿拉伯、新加坡、西班牙、泰国、土耳其等多个国家和地区。

　　"海鹰"直升机有 SH-60B、CH-60E、SH-60F、HH-60H、SH-60J、MH-60R、MH-60S 等多种衍生型，其中 SH-60B 和 SH-60F 是使用最广泛的型号。截至 2017 年 6 月，"海鹰"系列直升机仍在继续生产。按照 2012 年市值，每架直升机的造价为 4290 万美元。

SH-60B 直升机准备降落

机体构造

SH-60 直升机与 UH-60 直升机有 83% 的零部件是通用的。由于海上作战的特殊性，SH-60 直升机的改动比较大，机身蒙皮经过特殊处理，以适应海水的腐蚀。此外，还增加了旋翼刹车系统和旋翼自动折叠系统。SH-60B 直升机的平尾比较特别，是方形而不是 UH-60 直升机的梯形，可向上折叠竖在垂尾两边。SH-60F 直升机是 SH-60B 直升机的航空母舰操作版本，重新设计了航空电子设备和武器系统。

SH-60B 直升机侧前方视角

SH-60 直升机的尾桨特写

反潜能力

　　SH-60 直升机的主要反潜武器为 2 枚 Mk 46 声自导鱼雷，但在执行搜索任务时，可以将这 2 枚鱼雷换成 2 个容量为 455 升的副油箱。SH-60B 直升机和 SH-60F 直升机的主要区别在于反潜的方法不同：前者主要依赖驱逐舰上的声呐发现敌方潜艇，然后飞近可疑区域对目标精确定位并发起鱼雷攻击；后者则用于航空母舰周围的短距反潜，主要依赖其 AQS-13F 悬吊声呐探测雷达。

SH-60 直升机开火

动力装置

　　SH-60 直升机内置较多的设备使空重大大高于 UH-60 直升机，所以该直升机换装了 1260 千瓦的 T700-GE-401 涡轴发动机来应付增加的重量，该发动机也为海上操作进行了防腐处理。为了匹配增加的功率，SH-60 直升机的传动系统经过了强化。之后，SH-60 直升机又升级到新型 T700-GE-401C 发动机，单台功率达到 1410 千瓦。

低空飞行的 SH-60 直升机

重要事件

在海湾战争前期，美国海军对 25 架准备参战的 SH-60B 直升机进行了升级，加装了安 /ALQ-144 红外干扰装置、安 /ALE-39 箔条发射器、安 /ARR- 47 导弹靠近告警装置等，这些改装后的直升机在海湾战争中的表现相当活跃，不仅出色地完成封锁、反潜等任务，而且还冒险进入伊拉克领空营救被击落的 F-16 和 AV-8B 飞行员，运输"海豹"突击队员执行任务。

SH-60 直升机和美国海军"卡尔·文森"号航空母舰

十秒速识

SH-60 直升机采用了双发单旋翼尾桨布局，尾桨装在垂尾右侧。尾梁后部装平尾和垂尾。机身扁平，为普通半硬壳式轻合金抗坠毁结构。

停机坪上的 SH-60 直升机

俄罗斯 Be-12 "海鸥" 反潜巡逻机

Be-12 "海鸥"（Chayka）反潜巡逻机是别里耶夫设计局研制的一款反潜巡逻机，为 Be-6 反潜巡逻机的后继型，于 1965 年开始服役。

研发历史

Be-12 反潜巡逻机的研制工作始于 1956 年 3 月。1960 年 11 月 2 日，首架试验机在陆地机场完成了首飞。1961 年 11 月 24 日，首架试验机在第 5 次飞行试验时失事坠毁。1962 年，第二架试验机完工。1963 年，Be-12 反潜巡逻机开始批量制造，

基本参数	
机长	30.11 米
机高	7.94 米
翼展	29.84 米
空重	24000 千克
最大速度	530 千米／时
最大航程	3300 千米
实用升限	8000 米

到停产时共制造了 143 架。1965 年，Be-12 反潜巡逻机开始进入苏联海军航空兵部队服役。苏联解体后，俄罗斯和乌克兰都继承了部分 Be-12 反潜巡逻机。此外，埃及、叙利亚和越南等国也有采用。截至 2017 年 6 月，仍有小部分 Be-12 反潜巡逻机在俄罗斯海军中服役。

乌克兰军队装备的 Be-12 反潜巡逻机

▐▌▶ 机体构造

Be-12 反潜巡逻机采用传统的"海鸥"式上单翼，除操纵舵和副翼是麻布蒙皮外，机体为全金属结构。采用双梁结构的机翼由 20 度上反角的矩形内翼和 1.5 度下反角的外翼组成。在外翼翼下安装着具有平滑船形底部的侧向稳定浮筒，每个浮筒由 5 个不透水的密封舱组成。

Be-12 反潜巡逻机的机身底部被分成 10 个不透水密封舱，在其中一个或几个受损的情况下，仍能保障飞机在水上有足够的浮力。领航员和驾驶员的非密封座舱位于机身前部，中部设有瞭望窗的报务员舱。在水面乘员需要紧急离机时，机上备有充气橡皮艇和救生衣。驾驶舱内还没有弹射座椅。机身右侧设有 2 个供机组人员进出的舱门，一个在飞机的机头，另一个在尾部。在尾舱门前装有保障随机无线电报务员安全离机的应急出口开关。为防止机翼、尾翼和发动机进气口结冰，飞机还有空气加热系统。

Be-12 反潜巡逻机右侧视角

Be-12 反潜巡逻机左侧仰视图

▐▌▶ 反潜能力

与 Be-6 反潜巡逻机相比，Be-12 反潜巡逻机的反潜能力大幅提升，配备了"主动 2"搜索瞄准雷达，并更新了机载无线电设备、自动驾驶仪、航向系统设备、全景接收显示器等。Be-12 反潜巡逻机的操作简便，可搜索跟踪距驻地 700 ~ 800 千米的潜艇，并用 AT-1 鱼雷或炸弹将目标摧毁。此外，Be-12 反潜巡逻机还安装有 2 门 23 毫米机炮，用于自卫。

Be-12 反潜巡逻机编队飞行

动力装置

Be-12 反潜巡逻机的动力装置为 2 台 AI-20D 涡轮轴发动机，单台功率为 3810 千瓦。该机的最大飞行速度为 530 千米 / 时，起飞滑跑距离为 1200 米，着陆滑跑距离为 1100 米，爬升到 4000 米高度需要 8 分钟。

Be-12 反潜巡逻机准备起飞

重要事件

在 20 世纪 70 年代中期的最高峰，苏联海军的 Be-12 反潜巡逻机总计装备了 4 个航空团和若干个独立飞行中队，后来这 4 个航空团中有部分换装了 IL-38 反潜巡逻机。

停机坪上的 Be-12 反潜巡逻机

十秒速识

Be-12 反潜巡逻机采用"海鸥"翼，翼端有浮舟，机身也是船形，机头有"小丑鼻"形雷达罩。起落架为后三点式，尾翼呈 H 形，双垂尾在平尾的两侧。

检修中的 Be-12 反潜巡逻机

俄罗斯 IL-38 "五月" 反潜巡逻机

IL-38 "五月"（May）反潜巡逻机是伊留申设计局在 IL-18 客机的基础上发展而来的一款反潜巡逻机，于 1969 年开始服役。

研发历史

IL-18 客机是伊留申设计局设计的四发涡轮螺旋桨短程客机。它与同时代的安 -10 民航客机尺寸相似，但较注重装饰方面的设计。IL-18 客机于 1955 年开始设计，1956 年开始制造，1957 年 7 月原型机首次试飞，1959 年 4 月投入航线使用，到 1969 年已在苏联国内 800 条航线上使用。

基本参数	
机长	40.19 米
机高	10.17 米
翼展	37.4 米
空重	35500 千克
最大速度	645 千米／时
最大航程	7500 千米
实用升限	11000 米

20 世纪 60 年代，伊留申设计局开始着手将 IL-18 客机改装为 IL-38 反潜巡逻机。该机于 1961 年首次试飞，1967 开始批量制造，1969 年开始服役。到 1972 年停产时，共制造了 65 架，包括 Il-38M、Il-38MZ、Il-38N 等改进型号。苏联解体后，俄罗斯海军航空兵仍继续使用 IL-38 反潜巡逻机。此外，印度海军航空兵也有购买。截至 2017 年 6 月，IL-38 反潜巡逻机仍在服役。

印度海军装备的 IL-38 反潜巡逻机

机体构造

IL-38 反潜巡逻机采用了加长 4 米的 IL-18 机身，采用大型飞机常用的下单翼布局，与 IL-18 相比机翼前移，减少了机身舱窗。机头下部有大型雷达罩，机尾为磁异探测器。该机采用 3 人制驾驶舱，机身中部为作战舱，可搭载 10 ~ 12 名乘员。机翼前后的机身下部为前后 2 个武器舱，可携带声呐浮标和武器。

IL-38 反潜巡逻机右侧视角

IL-38 反潜巡逻机左侧视角

反潜能力

IL-38 反潜巡逻机的巡逻范围包括北极和冰岛等广大区域，其作战任务系统称为"别尔库特"（Berkut）系统，该系统的雷达对大型舰艇的探测距离达到 250 千米。IL-38 反潜巡逻机配备了 RGB-1、RGB-2、RGB-3 声呐浮标，并可使用 AT-2 鱼雷、RYU-2 核深水炸弹。部分 IL-38 反潜巡逻机后来改装了"诺韦拉"（Novella）作战系统，并可使用 KAB-500PL 制导深水炸弹或新型主动声呐浮标。

IL-38 反潜巡逻机侧前方视角

动力装置

IL-38 反潜巡逻机的动力装置为 4 台 AI-20M 涡轮螺旋桨发动机，单台功率为 3169 千瓦。机内有 30000 升燃油。该机的最大平飞速度为 645 千米 / 时，巡航速度为 595 千米 / 时，起飞滑跑距离为 1300 米，着陆滑跑距离为 850 米，续航时间为 12 小时。

IL-38 反潜巡逻机后方视角

重要事件

2013 年 7 月，俄罗斯海军航空兵部队接收了首架现代化改造的 IL-38 反潜巡逻机。相比早期型，该机在机首顶部安装了 1 个多边形的探测设备，造型奇特。

经过现代化改造的 IL-38 反潜巡逻机

十秒速识

IL–38 反潜巡逻机采用了梯形下单翼，机翼上安装 4 台涡轮螺旋桨发动机。前部机身下方有圆形雷达罩，机尾有磁异探测器。

IL-38 反潜巡逻机在高空飞行

俄罗斯图–142 "熊 F" 反潜巡逻机

图–142 "熊 F"（Bear F）反潜巡逻机是图波列夫设计局在图–95 轰炸机基础上研制的一款反潜巡逻机，于 1970 年开始服役。

研发历史

1963 年 2 月，苏联部长会议下达了研制图–142 反潜巡逻机的命令，由图波列夫设计局在图–95P 轰炸机的基础上设计制造。图–142 反潜巡逻机于 1968 年 6 月 18 日首次试飞，首批生产型于 1970 年 5 月在苏联海军航空兵部队投入试用。

基本参数	
机长	53.08 米
机高	12.12 米
翼展	50 米
空重	90000 千克
最大速度	925 千米／时
最大航程	6500 千米
实用升限	12000 米

改进型图–142M 于 1975 年 11 月首次试飞，1980 年 11 月交付苏联海军航空兵使用。此后，为了提高对低噪声潜艇的探测能力，强化电子对抗和通信导航性能，另一种改进型图–142M3 于 1993 年列装俄罗斯海军航空兵，并迅速成为俄罗斯海军岸基反潜的中坚力量。图–142 各种型号的总产量为 100 架。除了苏联海军（苏联解体后由乌克兰和俄罗斯继承）外，印度海军也有使用。

印度海军装备的图-142 反潜巡逻机

机体构造

图 –142 反潜巡逻机与图 –95 轰炸机采用基本相同的气动布局，机身细长，后掠式机翼、平尾和垂尾。机翼为悬臂式中单翼，全金属三梁结构，基本上由铝合金制成。机翼内段 1/4 弦长后掠角 37 度，外段 1/4 弦长后掠角 35 度，展弦比 8.4，相对厚度 10% ～ 13%。外段机翼后缘有液压操纵副翼，副翼上有调整片，副翼前有扰流片，有利于横向操纵。机翼后缘内段装有面积很大的后退式开缝襟翼，机翼上左右各装 3 片翼刀，机翼前缘有热空气防冰装置。

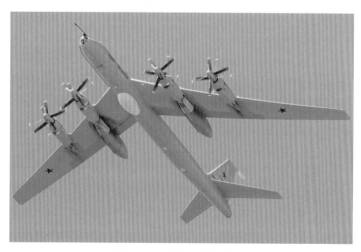

图-142 反潜巡逻机仰视图

反潜能力

图–142 反潜巡逻机主要用于担负在世界各大洋打击核潜艇的重任。该机可在远海执行反潜巡逻和侦察任务，并配备了反潜鱼雷、反潜炸弹和反舰导弹，可直接对水面和水下目标进行打击。图–142 反潜巡逻机对潜攻击的主要武器包括 ATR–2E、ATR–3 轻型声导反潜鱼雷，可有效打击潜深600 米、航速 30 节的高速潜艇。

图–142 反潜巡逻机的机身密布天线系统，可通过"鸢"式搜索瞄准雷达、磁声探测系统和投放无线电浮标识别水下目标，完成 300 千米范围内对海对潜探测任务。图–142 反潜巡逻机的反潜过程主要包括搜索探测、识别定位、跟踪攻击等阶段，采用扇形法和方形法对一定海域进行检查搜索。

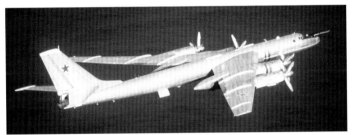

图 -142 反潜巡逻机右侧俯视图

动力装置

图–142 反潜巡逻机的动力装置为 4 台 NK–12MP 涡轮螺旋桨发动机，单台功率为 11033 千瓦，每台发动机驱动 2 个大直径反转四叶螺旋桨。图–142 反潜巡逻机具有良好的战场生存能力，可以以 925 千米 / 时的速度高速飞行，并可直接在简易机场上完成起降。

图 -142 反潜巡逻机起飞

▍▍▍▶ 重要事件

2013 年 12 月 19 日，2 架俄罗斯图 –142 反潜巡逻机绕日本列岛飞行一周。由于日本领土呈狭长状态，绕飞行动可以获得全日本领土内雷达、电子通信设备的相关情报，对于搜集电子情报有很大价值。

图 -142 反潜巡逻机在高空飞行

▍▍▍▶ 十秒速识

图 –142 反潜巡逻机的机身细长，拥有后掠式机翼、平尾和垂尾，机翼上安装有 4 台涡轮螺旋桨发动机。

图 -142 反潜巡逻机（上）和美国海军 P-3 反潜巡逻机（下）

英国"塘鹅"反潜机

"塘鹅"（G 安 net）反潜机是英国费尔雷公司研制的单引擎舰载反潜机，于 1953 年开始服役，1978 年退出现役。

研发历史

"塘鹅"反潜机的研制工作始于二战末期，当时由费尔雷和布莱克本两家公司投标，最后费尔雷公司的设计胜出并命名为"塘鹅"。该机于 1949 年 9 月首次试飞，1953 年开始批量制造，同年 11 月起被部署在"皇家方舟"号和"鹰"号航空母舰上。

基本参数	
机长	13 米
机高	4.19 米
翼展	16.56 米
空重	6835 千克
最大速度	500 千米／时
最大航程	995 千米
实用升限	7600 米

除了作为反潜机，"塘鹅"后来也推出了预警机型号和教练机型号。教练机的中间座位为教官，后部雷达被取消，但雷达操作员座位却被保留，连同最前的学员座位成为独特的三座位教练机。到了 1959 年停产时，"塘鹅"系列共制造了 348 架（反潜型有 303 架）。除了装备英国海军外，德国海军、澳大利亚海军、印度尼西亚海军也有采用。

德国海军装备的"塘鹅"反潜机

▐▐▐▐★▷ 机体构造

"塘鹅"反潜机的机体尺寸较小，却装备了大型发动机，导致机体肥胖臃肿，看起来颇像一只笨拙的大鹅，因此被定名为"塘鹅"，还有人说它堪称"世界上最丑陋的军用飞机"。该机有3名乘员，分别是最前方的驾驶，中间的反潜器操作员和最后的雷达操作员（面向后方）。

"塘鹅"反潜机采用2具四叶同轴反转螺旋桨，由于机身后方的雷达令其横向稳定性不足，故要在水平尾翼加上垂直稳定翼。作为舰载机，塘鹅反潜机的机翼可向上折起，以节省停放空间。该机采用三轮车式起落架，前起落架为双轮，向后收起，单轮的主起落架则从机翼两侧向机身中部收起。

"塘鹅"反潜机侧前方仰视图

机翼折叠后的"塘鹅"反潜机

反潜能力

"塘鹅"反潜机安装有闪光信号弹、声呐和机载雷达，在其机腹弹舱中，可一次挂装 2 枚鱼雷加 3 枚深水炸弹，或 3 枚深水炸弹加 2 枚水雷，或 1 枚 908 千克炸弹，或 2 枚 454 千克炸弹，或 4 枚 227 千克炸弹。此外，"塘鹅"反潜机还可在翼下安装武器挂架以携带火箭弹和声呐浮标。

"塘鹅"反潜机右侧视角

动力装置

"塘鹅"反潜机有 2 个独立的动力单元（实际上是 1 台发动机，只不过有 2 个动力输出单元）驱动两对共轴螺旋桨，这意味着除了在起飞阶段同时使用 2 个单元外，在飞行中可以关闭 1 个单元用以节省燃油消耗，从而延长航程和巡逻时间。发动机型号为阿姆斯特朗"双曼巴"，最大功率为 2199 千瓦。

"塘鹅"反潜机左侧视角

|||||▶ 重要事件

1952 年年末，澳大利亚海军订购了 40 架"塘鹅"反潜机，从 1955 年起交付，实际上最后只交付了 36 架。这些"塘鹅"反潜机主要装备"墨尔本"号航空母舰和海岸反潜部队。

"塘鹅"反潜机俯视图

|||||▶ 十秒速识

"塘鹅"反潜机的机身，机翼为典型的海鸥型中单翼，其内翼有一定的下反，外翼有一定的上反。

停机坪上的"塘鹅"反潜机

英国"猎迷"反潜巡逻机

"猎迷"（Nimrod）反潜巡逻机是英国霍克·西德利公司（现已被英国宇航系统公司并购）研制的一款反潜巡逻机，于1969年开始服役，2011年退出现役。

研发历史

"猎迷"反潜巡逻机的研制计划始于1964年，原型机由2架卖不出的"彗星"4C客机改装而成。第一架原型机采用劳斯莱斯"斯贝"发动机，于1967年5月23日首次试飞，随后改为空气动力试验机和机身/发动机结合用途。第二架原型机采用"彗星"客机原来的"埃汶"发动机，于1967年6月30日首次试飞，作为相应电子设备的试验平台。

基本参数	
机长	38.65米
机高	9.14米
翼展	35米
空重	39009千克
最大速度	923千米／时
最大航程	9265千米
实用升限	13411米

"猎迷"反潜巡逻机的第一种量产型为"猎迷"MR.1型，于1969年10月开始服役。1971年，"猎迷"R.1型开始服役，仅用于测试无线电、雷达标准。从1975年起，英军开始将"猎迷"MR.1型改进为"猎迷"MR.2型，第一架量产型在1979年8月交付给英国空军。1996年7月，霍克·西德利公司得到了"猎迷2000"改进型的合同，1998年初这一改进型被更名为"猎迷"MRA.4型。2002年8月，首批"猎迷"MRA.4型在英国伍德福德工厂下线。此外，"猎迷"反潜巡逻机还有一个重要衍生型，即"猎迷"AEW3预警机。2011年6月，由于经费原因，英军装备的"猎迷"反潜巡逻机退出现役。

"猎迷"MR.2型反潜巡逻机起飞

机体构造

　　与"彗星"客机相比，"猎迷"反潜巡逻机在尾翼后部的长尾梁上安装了磁异探测器，机鼻加装了搜索雷达，垂直尾翼上加装了电子支援系统的天线，右翼下加装了搜索探照灯。垂直尾翼面积略有增大。驾驶舱风挡、窗口加大。此外，还新设计了非增压的机腹武器舱和系统舱，这使得机身呈现明显的双泡形截面。

"猎迷"MR.2型反潜巡逻机正前方仰视图

"猎迷"MR.2 型反潜巡逻机侧后方视角

反潜能力

　　"猎迷"MR.1 型安装有 ASV–21D 雷达、"黄门"电子对抗设备、ECKO290 气象设备、安 /ASN–119 "旋转木马"惯性导航系统。"猎迷"MR.2 型拥有全新的电子设备和配套装备，更换了所有主要的传感系统和其他设备。它安装有"搜水"雷达、马可尼 GEC 中央战术系统、AQS901 声学系统、AS470 无线电和加密系统；"猎迷"MRA.4 型安装有"搜水"2000MR 多模式对海搜索雷达，诺斯罗普·格鲁门公司的光学电视监视探测系统，史密斯公司的导航和飞行控制系统，以及雷达告警接收机、"埃尔塔"电子对抗系统、磁异常探测系统。

"猎迷"反潜巡逻机驾驶舱特写

动力装置

　　"猎迷"MR.1 型的动力装置为 4 台劳斯莱斯"斯贝"涡轮风扇发动机，

单台推力为 54.09 千牛。最大载油量为 38.9 吨，如机舱内加装了 6 个可拆卸油箱，则可增加至 45.8 吨。该机的正常续航时间为 12 小时，最大续航时间为 15 小时，若进行一次空中加油则续航时间可达 19 小时。"猎迷"MRA.4 型换装了功率更大的劳斯莱斯 BR710 涡轮风扇发动机，单台推力达 69 千牛。

"猎迷"MR.2 型反潜巡逻机侧前方视角

重要事件

2006 年 9 月，英军 1 架"猎迷"反潜巡逻机在阿富汗南部地区坠毁，机上 14 名英军士兵死亡。英国国防部当时否认这架飞机是遭塔利班武装击落，称坠机属"严重事故"。坠机事件的确切原因至今不明。

"猎迷"MR.2 型反潜巡逻机准备起飞

十秒速识

"猎迷"反潜巡逻机的机身呈现明显的双泡型截面，每侧机翼下各装有 2 台涡轮风扇发动机。

"猎迷"MR.2 型反潜巡逻机右侧视角

日本 P-1 反潜巡逻机

P-1 反潜巡逻机是日本川崎重工业公司为日本海上自卫队研制的四发反潜巡逻机，于 2013 年开始服役。

研发历史

自 20 世纪 80 年代开始，日本海上自卫队陆续装备了超过 100 架由美国洛克西德公司授权日本川崎重工业公司制造的 P-3C 反潜巡逻机，不仅是 P-3C 反潜巡逻机最大的海外用户，也成为了西太平洋上美日同盟的主要反潜兵力。20 世纪

基本参数	
机长	38 米
机高	12.1 米
翼展	35.4 米
最大起飞重量	79700 千克
最大速度	996 千米／时
最大航程	8000 千米
实用升限	13520 米

90 年代后期，P-3C 反潜巡逻机的役龄即将达到 20 年，日本海上自卫队开始规划新一代的反潜巡逻机，其成果就是 P-1 反潜巡逻机。

P-1 反潜巡逻机是日本新的《防卫计划大纲》提出的"动态防卫力量"的核心装备之一，被视为"未来在日本周边开展警戒和监视活动的主力装备"。2007 年 9 月 28 日，P-1 反潜巡逻机首次进行试飞。2013 年 3 月 26 日，

P–1 反潜巡逻机举行了交付仪式。

P-1 反潜巡逻机俯视图

机体构造

　　基于任务特性、基地设施以及水上迫降的安全性等考虑，P–1 反潜巡逻机继续沿用 P–3C 反潜巡逻机的下单翼构型，机体十分细长，以减少空气阻力。P–1 反潜巡逻机采用光纤线传飞控系统，以光纤传递飞控信号，不仅对电磁脉冲免疫，而且重量也比传统线传飞控的电缆线大幅减轻。

P-1 反潜巡逻机右侧视角

P-1 反潜巡逻机侧后方视角

||||▶ 反潜能力

　　P-1 反潜巡逻机配备了日本东芝公司新开发的 HPS-106 主动相控阵雷达，对海面小型目标的搜索能力比 P-3C 反潜巡逻机大幅增强。机腹总共设有 30 个声呐浮标投放口，除了方便投掷的声呐浮标外，机内另外储存了 70 枚声呐浮标。机首下方安装有安 /AAS-44 前视红外线侦搜仪，可全天候识别海面目标，并能发现如伸出海面的潜艇潜望镜之类的小型目标。机尾有 1 台与美国 P-8 反潜巡逻机相同的磁异探测器。

　　武器方面，P-1 反潜巡逻机的机腹设有 1 个内置式弹舱，能容纳制导鱼雷、反潜炸弹等武器。此外，两边主翼最多能挂载 8 枚反舰导弹。因此，P-1 与 P-3C 反潜巡逻机一样，兼具反潜与反水面作战功能。

P-1 反潜巡逻机俯视图

||||▶ 动力装置

　　川崎重工业公司在设计 P-1 反潜巡逻机时，非常注重提高速度与扩大作战半径，同时也力求强化机上的任务装备，有效执行反潜、反舰、指管通情等机能。以往采用涡轮螺旋桨发动机的 P-3C 反潜巡逻机由于飞行速度较慢，需要花费更多时间抵达目标区域，增加了目标潜艇逃逸的时间。P-1反潜巡逻机采用 IHI 株式会社的 F7 涡轮扇喷气发动机（单台推力为 60 千牛），飞行速度更快，巡航高度也较高，能在更短时间抵达目标区域，并在相同时间内巡逻更广大的空域，整体作战效能大幅提高。

P-1 反潜巡逻机起飞

重要事件

2013 年 5 月 13 日，1 架 P-1 反潜巡逻机为了测试超速警报器而从 10000 米高空进行俯冲测试，然而冲到 8000 米高度时突然发生 4 台发动机全部熄火的情况，之后机组人员在空中以手动操作重新启动发动机并安全返航。此次事故后，P-1 反潜巡逻机暂时停飞。

P-1 反潜巡逻机编队在富士山附近飞行

十秒速识

P-1 反潜巡逻机的机体细长，机翼为悬臂下单翼，每侧机翼各安装 2 台涡轮扇喷气发动机。

P-1 反潜巡逻机侧后方仰视图

Chapter 06
运 输 机

　　运输机是用于运送军事人员、武器装备以及其他军用物资的飞机，而大型运输机更是一个国家空中战略投送力量的核心装备。现代战争更重视高速、机动和深入敌后作战，使运输机的发展越来越受到重视。

美国 C-2 "灰狗" 运输机

C-2 "灰狗"（Greyhound）运输机是美国格鲁曼公司（现诺斯洛普·格鲁曼公司）研制的一款舰载双发运输机，主要用于航空母舰上的运输任务。

研发历史

C-2 运输机是 E-2 "鹰眼" 预警机的衍生型号，它的研制是为了取代由活塞发动机推动的 C-1 "商人"（Trader）运输机。1964 年 11 月 18 日，两架由 E-2 预警机改装而成的原型机试飞成功。

1966 年，第一个量产机型 C-2A 开始服役，共生产了 17 架。C-2A 机队曾于 1973 年时进行全面翻修，以延长其服役期。1984 年，改进型 C-2A(R) 问世，共生产了 39 架。所有老旧的 C-2A 在 1987 年被淘汰，而最后一批 C-2A(R) 于 1990 年交付给美国海军使用。截至 2017 年 6 月，C-2A(R) 仍在服役。按 2017 年市值，每架 C-2A(R) 的造价为 4001 万美元。

基本参数	
机长	17.3 米
机高	4.85 米
翼展	24.6 米
空重	15310 千克
最大速度	635 千米／时
最大航程	2400 千米
实用升限	10210 米

C-2 运输机侧后方视角

机体构造

C-2 运输机保留了 E-2 预警机原有的机翼及动力装置，但拥有一个经过扩大的机身，在机尾设有装卸坡道。C-2 运输机采用全金属结构的悬臂式上单翼，中段是三梁盒式结构，机械加工蒙皮。外段机翼沿安装在后梁上的斜轴向后折，折起动作由一个双向液压作动筒完成。全金属结构的悬臂式尾翼由 4 个垂尾和 3 个方向舵组成，尾翼无反角。尾翼下方装有拦阻钩。

C-2 运输机采用液压收放前三点式起落架，可转向操纵的前轮向后收起，主起落架向前收起，并旋转放入发动机短舱后部。前起落架为双轮，主起落架为单轮。该机还装有油 – 气减震器和液压刹车系统，以及液压操纵可收放尾部保护座。

C-2 运输机侧面视角

C-2 运输机仰视图

运输能力

C-2 运输机可提供高达 4545 千克的有效载荷。机舱可以容纳货物、乘客或者两者混载，并配置了能够运载伤者，执行医疗护送任务的设备。C-2 运输机能在短短几小时内，直接由岸上基地紧急载运需要优先处理的货物（例如，战斗机的喷气发动机等）至航空母舰上。大型的机尾坡道、机舱大门和动力绞盘设施，让 C-2 运输机可以在航空母舰上快速装卸物资。

C-2 运输机侧后方仰视图

动力装置

C-2 运输机的动力装置为 2 台艾利森 T56-A-425 涡轮螺桨发动机，单台功率为 3400 千瓦，各驱动 1 具 N-41 型四叶恒速全顺桨、桨矩可逆螺旋桨。C-2 运输机的机翼有 2 个油箱，单个容量为 6950 升。机身两侧油箱的容量为 1135 升或 1704 升。另外，还可在主机舱携带容量为 3786 升的油箱，用于远程飞行。

C-2 运输机起飞瞬间

重要事件

1985 年 11 月至 1987 年 2 月之间，美国海军第 24 空中运输中队（已于 1993 年解散）与其配属的 7 架 C-2 运输机展示了强大的运输能力，在短短 15 个月之内，投递了 909 吨邮件及搭载了 14000 名乘客，以支援欧洲和地中海战场。此外，这些 C-2 运输机还在"沙漠之盾""沙漠风暴"和"持久自由"等军事行动中，支援航空母舰战斗群作战。

C-2 运输机准备降落在航空母舰甲板

十秒速识

C-2 运输机具有高安装直翼和四垂尾，2 台涡轮螺旋桨发动机安装在机翼下面，机尾有货物装卸坡和拦阻钩。

C-2 运输机正前方视角

美国 C-5 "银河" 运输机

C-5 "银河" （Galaxy）运输机是美国洛克希德公司（现洛克希德·马丁公司）研制的一款大型军用战略运输机，于 1970 年 6 月开始服役。

研发历史

20 世纪 60 年代，美国空军使用的 C-133 与 C-124 运输机虽然还能够满足陆军的需求，可是已经接近寿命周期的尾声，而较新的 C-141 运输机也无法胜任新的运输任务。1961 年 10 月，美国军事空运勤务司令部提出取代 C-133 运输机的需求，由美国空军规划设计案。1962 年，负责研发的美国空军系统司

基本参数	
机长	75.31 米
机高	19.84 米
翼展	67.89 米
空重	172371 千克
最大速度	855 千米／时
最大航程	4440 千米
实用升限	10600 米

令部根据他们的研究和预测提出 CX-X 计划。1964 年，这项计划正式改名为 C-5 运输机计划。

C-5 运输机主要有 C-5A、C-5B 两种型号，分别生产了 81 架和 50 架。C-5A 于 1968 年 6 月 30 日首次试飞，1970 年 6 月正式服役。C-5B 于 1985 年 9 月首次试飞，1986 年 1 月开始装备美国空军，至 1987 年年底交付 25 架，1989 年 4 月全部 50 架交付完毕。截至 2017 年 6 月，C-5 运输机仍然在役。按照 2016 年市值，每架 C-5B 运输机的造价高达 2.62 亿美元。

C-5 运输机仰视图

▌▌▌◈ 机体构造

C-5A 采用悬臂式上单翼，机翼采用破损安全盒形结构。后来 C-5A 机翼大梁出现裂纹，所以 C-5B 采用了新的 7175-T73511 高强度耐腐蚀铝合金。机翼设计上还使用了静平衡铝合金副翼和经过改进的富勒式铝合金后缘襟翼。襟翼前面有简单铰接的铝合金扰流片，无配平调整片。尾翼采用悬臂式全金属的 T 形结构，由整块金属蒙皮壁板组成单室盒形构件。平尾稍有下反角，安装于垂尾顶部。

C-5 运输机的机身是由蒙皮、长桁和隔框组成的半硬壳式破损安全结构，截面呈 8 字形。货舱为头尾直通式，其地板高度与运货卡车斗高度相适应，既可空投货物，也可空降伞兵。C-5 运输机采用液压收放五支柱式起落架。前起落架靠液压传动的滚珠丝杠向后收起，主起落架由液压操纵转动 90 度后向内侧收起。前、主起落架支柱都有双腔油 – 气减震器。起落架共有 28 个机轮。

机头打开后的 C-5 运输机

C-5 运输机的机头罩特写（开启状态）

运输能力

　　C-5 运输机是美国空军现役最大的战略运输机，其载重量可达 122 吨，货舱容积为：上层货仓 30.19×4.2×2.29 米，下层货仓 36.91×5.79×4.11 米。该机能够在全球范围内运载超大规格的货物，并在相对较短的距离起飞和降落，也可以随时满载全副武装的战斗部队（包括主战坦克）到达全球大多数地方，或为战斗中的部队提供野外支援。C-5 运输机几乎可以装载美军的全部战斗装备，包括巨大的重达 74 吨的移动栈桥。地面工作人员可以同时在 C-5 运输机的前后舱门进行装载和卸载。

C-5 运输机侧后方仰视图

动力装置

C-5 运输机采用 4 台通用电气公司的 TF39-GE-1C 涡轮风扇发动机，单台最大推力为 190 千米。这种发动机的体积较大，长度约 8.2 米，空气进气口直径超过 2.6 米。每台发动机重 3555 千克，发动机推重比为 5.5。该发动机还可以提供逆推力，增加飞机在空中的降落率，减少在地面的滑行距离。每台发动机的发电机可以独立提供飞机所需电力，4 台发电机的发电量可供 5 万人口城市的用电需要。

C-5 运输机整个机翼前、后梁之间共有 12 个整体油箱，总燃油容积194370 升。这些油料可装满 6 个标准火车油罐车或 2 架 KC-135 加油机。无须空中加油，1 架装载 122 吨的 C-5 运输机可以飞行 4000 千米，卸载后，还能飞往离第一个目的地 900 千米的基地。

低空飞行的 C-5 运输机

重要事件

1972 年 5 月 11 日，1 架 C-5 运输机从日本冲绳嘉手纳空军基地起飞，未空中加油，不着陆飞行了 12905 千米，最后降落在美国南卡罗来纳州的查尔斯顿空军基地。此次飞行创下了 C-5 运输机不着陆飞行距离的新纪录，总飞行时间为 16 小时 5 分钟。

C-5 运输机准备起飞

十秒速识

C–5 运输机的后掠翼安装在肩部，翼下吊挂 4 台涡轮风扇发动机。尾翼为 T 形。该机拥有向上开的机头货物装卸门，以及带整流罩的收放式起落架。

C-5 运输机正在提升飞行高度

美国 C-17 "环球霸王Ⅲ" 运输机

C-17 "环球霸王Ⅲ"（Globemaster Ⅲ）运输机是美国麦克唐纳·道格拉斯公司研发的一款大型战略／战术运输机，于1995年开始服役。

研发历史

C-17 运输机是美国迄今为止历时最久的飞机研制计划，从 1981 年麦克唐纳·道格拉斯公司赢得发展合约到 1995 年完成全部的飞行测试，共耗时 14 年。在发展经费方面，它是美国有史以来耗资第三大的军用飞机，仅次于 B-2 "幽灵"

基本参数	
机长	53 米
机高	16.8 米
翼展	51.75 米
空重	128100 千克
巡航速度	829 千米／时
最大航程	10390 千米
实用升限	13716 米

轰炸机和 E-3 "望楼" 预警机。1991 年 9 月 15 日，C-17 运输机首次试飞。1993 年 2 月 5 日，美国空军宣布给 C-17 运输机冠以 "环球霸王Ⅲ" 的名字，这是因为在 20 世纪 40 年代末，原道格拉斯公司生产了 C-74 "环球霸王Ⅰ" 和 C-124 "环球霸王Ⅱ" 运输机。1995 年 1 月，C-17 运输机正式服役。

C-17 运输机在 1991—2015 年生产，总产量为 279 架。按照 2007 年市值，每架 C-17 运输机的造价高达 2.18 亿美元。截至 2017 年 6 月，C-17 运输机仍然在美国空军服役。此外，英国、澳大利亚、加拿大、印度、科威特、卡塔尔、阿联酋等国也有采用。

英国空军装备的 C-17 运输机

　　C-17 运输机采用大型运输机的常规布局，机翼为悬臂式上单翼，前缘后掠角 25 度。垂直尾翼有个特殊的设计，内部有一个隧道式的空间，可让一位维修人员攀爬通过，用以进行上方水平尾翼的维修。液压可收放前三点式起落架可以靠重力应急自由放下。前起落架为双轮，主起落架为 6 轮。前起落架向前收入机身，主起落架旋转 90 度向里收入机身两侧整流罩内。

C-17 运输机侧前方仰视图

C-17 运输机仰视图

运输能力

　　C-17 运输机融战略和战术空运能力于一身，是目前世界上唯一可以同时适应战略、战术任务的运输机。该机的货舱可并列停放 3 辆吉普车，2 辆卡车或 1 辆 M1A2 坦克，也可装载 3 架 AH-64 武装直升机。在执行空投任务时，可空投近 50 吨货物，或 102 名全副武装的伞兵和 1 辆 M1 主战坦克。C-17 运输机的货舱门关闭时，舱门上还能承重 18150 千克，几乎是 C-130 全机的装载量。

　　C-17 运输机的载运量是 C-141 运输机的 2 倍、C-130 运输机的 4 倍，但 C-17 运输机的可靠度高达 99%，任务完成率为 91%。C-17 运输机飞行返航后，例行检修外的额外检查率 2%，而 C-5 运输机和 C-141 运输机高达 40%。此外，C-17 运输机对起落环境的要求极低，最窄可在 18.3 米宽的跑道上起落，能在 90×132 米的停机坪上活动。

C-17 运输机侧后方视角

动力装置

C-17 运输机的动力装置为 4 台普惠 F117-PW-100 涡轮风扇发动机，单台推力为 180 千牛。发动机以悬吊式挂架挂于机翼的前下方，每个挂架由数件铸铝螺桩结构与机翼相搭接，使外挂载和机翼间有连续的负载路径。该发动机具有反向推力装置，发动机罩的外形为滑套后缩双罩式，两罩间有一开口，当启动反向推力时，发动机排气经由此开口被导向前上方 45 度，因此不会吹起地面的砂石与尘土。另外在发动机运转时，不会影响卸货或一些地面上的工作。反向推力装置在飞机静止时也可以启动，不存在发动机过热的问题。

C-17 运输机准备起飞

重要事件

2009年11月，印度国防部决定购买 C-17 运输机，而不愿购买价格比 C-17 运输机低 3 倍的俄罗斯 IL-76 运输机。印度方面认为，C-17 运输机维护起来更容易和简便。此外，与 C-17 运输机相比，IL-76 运输机需要质量更高的跑道。

C-17 运输机在山区上空飞行

十秒速识

C-17 运输机拥有后掠式上单翼和 T 形尾翼，机翼下安装 4 台涡轮风扇发动机。起落架为可收放前三点式。

C-17 运输机右侧视角

美国 C-130 "大力神" 运输机

C-130 "大力神" 运输机是美国洛克希德·马丁公司研制的一款四发中型战术运输机,也是世界上最著名的运输机之一。该机能够高空高速飞行,航程较远,而且能够在前线野战跑道上起降。

研发历史

C-130 运输机是美国设计最成功、使用时间最长和生产数量最多的现役运输机,在美国战术空运力量中占有核心地位,同时也是美国战略空运中重要的辅助力量。该机于 1951 年开始研制,1954 年首次试飞,1956 年进入美国空军服役。

基本参数	
机长	29.8 米
机高	11.6 米
翼展	40.4 米
空重	34400 千克
最大速度	592 千米／时
最大航程	3800 千米
实用升限	10060 米

C-130 运输机于 1954 年开始生产,截至 2017 年 6 月仍未停产,总产量已经超过 2500 架。该机有多种改进型号,包括 A 型、B 型、C 型、D 型、E 型、F 型、G 型、H 型、J 型、K 型、T 型等。C-130 运输机还有许多衍生型号,可执行多种任务,包括电子监视、空中指挥、搜索救援、空中加油、气象探测、海上巡逻及空中预警等。目前,美国空军装备的 C-130 运输机

多为 E 型、H 型和 J 型。除了美国外，C-130 运输机还出口到数十个国家。按照 2015 年市值，每架 C-130J 的造价约 4850 万美元。

C-130 运输机前方视角

机体构造

    C-130 运输机采用上单翼、四发动机、尾部大型货舱门的机身布局，这个布局奠定了二战后美国中型运输机的设计标准。C-130 运输机的货舱门采用了上下两片开启的设计，能在空中开闭。在空中舱门放下时是一个很好的货物空投平台，尤其是掠地平拉空投的时候，在地面又是一个很好的装卸坡道。

    C-130 运输机的主起落架舱也设计得很巧妙，起落架收起时处在机身左右两侧旁凸起的流线型舱室内。这个设计使得起落架舱不会占用宝贵的主机身空间，大大方便了货舱的设计，且使得主机身的结构能够连续而完整，强度大。另外一个好处是这种设计左右主轮距较宽，在不平坦的简易跑道上稳定性好。

C-130 运输机左侧视角

C-130 运输机正在提升飞行高度

运输能力

C–130 运输机的型号众多，以 C–130H 型为例，其载重量可达 19870 千克。该机起飞仅需 1090 米的跑道，着陆为 518 米，可在前线简易机场跑道上起落，向战场运送或空投军事人员和装备，返航时可用于运送伤员。

各种 C–130 运输机的货运型都可以贴地投放 11000 千克重的货物。投放时，飞机贴地飞行，后舱门打开，首先拖出一个钩子，钩子的另一端与货盘和货物相连，当钩子与地面空投场上的钢索啮合时，货物就被从后舱门拖出。由于货盘有能量吸收系统，货物滑行 30 米后停下。当货物超过 22000 千克时，需要使用条带式降落伞将货物从货舱中拖出。

C-130 运输机仰视图

动力装置

C-130 运输机的早期型的动力装置为 4 台艾利森 T56-A-1A 涡轮螺旋桨发动机，单台功率为 2790 千瓦。C-130H 改用了 4 台艾利森 T56-A-15发动机，单台功率为 3430 千瓦。C-130J 改用了劳斯莱斯 AE-2100D3 涡轮螺旋桨发动机，并采用新设计的六叶式螺旋桨。C-130 运输机的机内油箱容积为 25549 升，机外副油箱容积则为 10479 升，合计 36028 升。另外，C-130 运输机还具有空中加油能力。

C-130 运输机在高空飞行

重要事件

1958 年 9 月 19 日，驻法美军第 317 运输机中队的 1 架 C-130 运输机在法福勒上空与 1 架法国空军"超神秘"战斗机相撞，C-130 运输机的6 名机组人员全部死亡，而法军飞行员也不幸身亡。

C-130 运输机准备起飞

十秒速识

C-130 运输机在肩部安装直翼，机翼有 4 台被整流罩严密包裹的涡轮螺旋桨发动机，螺旋桨为 6 桨叶。

C-130 运输机右侧视角

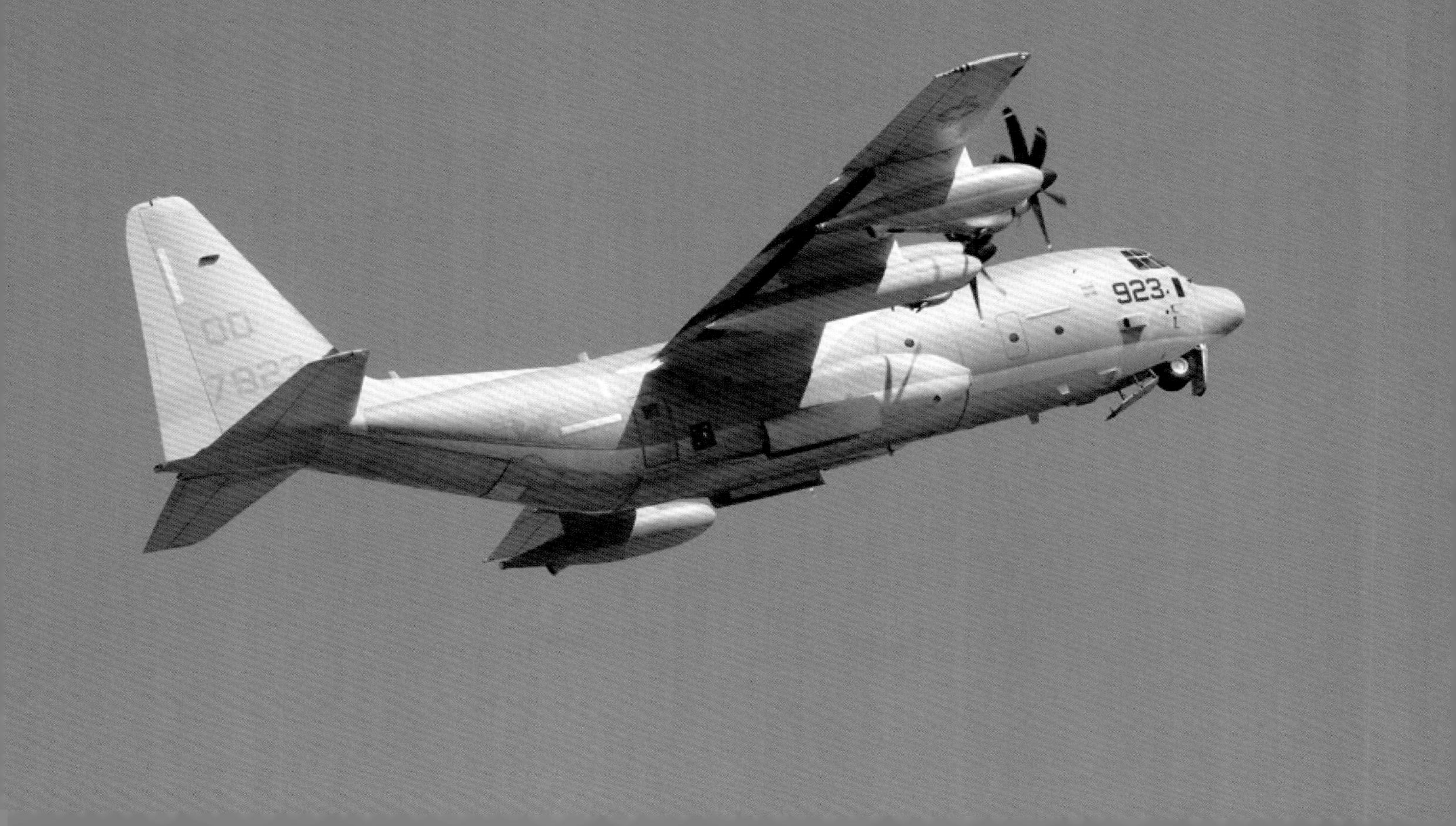

美国 C-141 "运输星" 运输机

C-141 "运输星"（Starlifter）运输机是美国洛克希德公司（现洛克希德·马丁公司）研制的一款四发战略运输机，于 1965 年 4 月开始服役，2006 年退出现役。

研发历史

C-141 运输机是世界上第一种完全为货运设计的喷气式飞机，也是第一种使用涡扇发动机的大型运输机。该机于 1963 年 12 月 17 日首次试飞。1965 年 4 月正式服役，第一种型号为 C-141A，首批订货 127 架。1967 年，由于越南战争中需要曾两次追加订货，使总订货数达到 285 架。

基本参数	
机长	51.3 米
机高	12 米
翼展	48.8 米
空重	65542 千克
最大速度	912 千米／时
最大航程	9880 千米
实用升限	12500 米

为了提高 C-141 运输机的航程，洛克希德公司又在 C-141A 的基础上加装了空中加油设备，并重新命名为 C-141B。C-141B 于 1979 年开始服役，到了 1986 年，所有的 C-141A 都升级成了 C-141B。2006 年 5 月，美国空军将最后一架 C-141 运输机送往美国空军国家博物馆，从而结束了它的服役生涯。

C-141 运输机在高空飞行

机体构造

　　C-141A 运输机的机身长度为 44.19 米，机尾有一个巨大的蚌式尾门，方便装卸大型货物。C-141B 运输机加长了机身（机翼前加长 4.06 米，机翼后加长 3.05 米），从而使货舱容积增加 61.48 立方米，装载能力提高 30%。此外，还改装了机翼根部整流罩，使升力分布更加合理，提高了飞机的疲劳寿命。

C-141 运输机正后方仰视图

C-141 运输机仰视图

运输能力

作为美国空军主力战略运输机之一，C-141 运输机的货舱空间虽然比不上后来出现的 C-5 和 C-17 运输机，但也能轻松装载长达 31 米的大型货物，最大载重量为 40439 千克。该机的货舱设计对于工作人员来说相当方便。在运送车辆、小型飞机等带有轮子的货物时，工作人员可以使用平坦的货舱地板，但也可以快速更换成带有滚轴的地板，方便装卸箱装货物。在运送人员的时候，C-141 运输机可以在舱壁上加装临时座椅，也可以在地板上加装座椅。该机可以一次运载 208 名全副武装的地面部队士兵或 168 名携带全套装备的伞兵。此外，C-141 运输机还可以运送"民兵"弹道导弹。

C-141 运输机在旧金山湾上空飞行

动力装置

C-141 运输机的动力装置为 4 台普惠 TF33-P-7 涡轮风扇发动机，单台推力为 90.1 千牛。该机的最大起飞重量为 147000 千克，起飞滑跑距离为 1829 米，最大爬升率为 13.2 米 / 秒。为了加大航程，C-141B 加装了空中受油设备。

低空飞行的 C-141 运输机

重要事件

1969 年，美国"阿波罗 11 号"首次登月成功后，1 架 C-141 运输机将从月球返回的宇航员及密封舱从夏威夷运回了休斯敦。

停机坪上的 C-141 运输机

十秒速识

C-141 运输机的后掠翼安装在肩部，翼下吊挂 4 台涡轮风扇发动机，尾翼为 T 形，收放式起落架可收入整流罩。

C-141 运输机侧前方视角

美国 V-22 "鱼鹰" 运输机

V-22 "鱼鹰" (Osprey) 运输机是美国贝尔直升机公司和波音公司联合设计制造的一种将固定翼机和直升机特点融为一体的新型飞行器——倾转旋翼机，主要用于物资运输。

研发历史

V-22 运输机于 20 世纪 80 年代开始研发，1989 年 3 月 19 日首飞成功，经历长时间的测试、修改、验证工作后，于 2007年 6 月 13 日进入美国海军陆战队服役，取代服役较久的 CH-46 "海骑士" 直升机，

基本参数	
机长	17.5 米
机高	11.6 米
翼展	14 米
空重	15032 千克
最大速度	565 千米 / 时
最大航程	1627 千米
实用升限	7620 米

执行运输及搜救任务。2009 年起，美国空军也开始部署空军专用的衍生版本。截至 2017 年 6 月，V-22 运输机仍在生产，总产量超过 200 架。按照 2015年市值，每架 V-22 运输机的造价高达 7210 万美元。

V-22 运输机左侧视角

机体构造

V-22 运输机在机翼两端各有 1 个可变向的旋翼推进装置，包含劳斯莱斯 T406 涡轮轴发动机及由 3 片桨叶所组成的旋翼，整个推进装置可以绕机翼轴由朝上与朝前之间转动变向，并能固定在所需方向，因此能产生向上的升力或向前的推力。这个转换过程一般在十几秒钟内完成。当 V-22 运输机的推进装置垂直向上，产生升力，便可像直升机垂直起飞、降落或悬停，其操纵系统可改变旋翼上升力的大小和旋翼升力倾斜的方向，以使飞机保持或改变飞行状态。

V-22 运输机的机身有超过 43% 为复合材料制造，包括旋翼系统。为减少被运载时所需空间，整主翼可以转动 90 度，变成与机身平行，3 叶旋翼也能转动重叠在一地。整个收纳过程只需 90 秒。

V-22 运输机仰视图

V-22 运输机侧前方视角

运输能力

V-22 运输机可以运送 24 名士兵或者 9072 千克重的物资，其中物资可以利用降落伞空投。此外，V-22 运输机还有 1 套外部拖钩与绞车系统，这套系统使其能够吊载重 6803 千克的货物。

V-22 运输机侧后方视角

动力装置

V-22 运输机的 2 台劳斯莱斯 T406 发动机（单台功率为 4590 千瓦）以转轴及齿轮箱连动，因此即使其中一台失去动力，另一台也能让整架飞机继续飞行。根据不同的配置，V-22 运输机最多可容纳多达 13779 升燃料。

V-22 运输机既具备直升机的垂直升降能力，又拥有螺旋桨飞机速度较快、航程较远及油耗较低的优点。V-22 运输机能在大气温度 33℃、高度900 多米处进行无地效悬停。不过，由于它的螺旋桨直径小于同等重量直升机的旋翼、排气速度较大、桨盘载荷略高于一般直升机，因此垂直起飞和悬停时的效率也稍逊于直升机。但 V-22 运输机的常规飞行性能却是直升机无法匹敌的，其最大时速超过了 550 千米，堪称世界上速度最快的直升机。

V-22 运输机在低空飞行

|||||▷ 重要事件

2012 年 10 月 6 日，1 架隶属于美国海军陆战队第 165 中型倾转旋翼机中队的 V-22 运输机在"尼米兹"号航空母舰上顺利降落并完成加油。此举旨在评估 V-22 运输机能否取代 C-2"灰狗"运输机在舰队中的运输角色。

V-22 运输机左侧仰视图

|||||▷ 十秒速识

V-22 运输机的外形特征非常明显，其机翼两端各有 1 个可变向的旋翼推进装置，每个旋翼有 3 片桨叶。

停机坪中的 V-22 运输机

俄罗斯 IL-76 "耿直" 运输机

IL-76 "耿直"（C 安 did）运输机是伊留申设计局研制的一款四发大型军民两用战略运输机，于 1974 年 6 月开始服役。

研发历史

20 世纪 60 年代后期，由于安 -12 运输机作为苏联军事空运主力已经显得载重小和航程不足，苏联为了提高其军事空运能力，急需一种航程更远、载重更大、速度更快的新式军用运输机。于是，伊留申设计局以美国 C-141 运输机为假想敌，

基本参数	
机长	46.59 米
机高	14.76 米
翼展	50.5 米
空重	92500 千克
最大速度	900 千米／时
最大航程	4300 千米
实用升限	13000 米

设计了 IL-76 运输机。该机于 1971 年 3 月 25 日首次试飞，1974 年 6 月正式服役。IL-76 运输机是世界上最为成功的重型运输机之一，迄今为止已有超过 38 个国家使用过或正在使用。

IL-76 运输机正前方视角

▌▌▌▶ 机体构造

　　IL-76 运输机的机身为全金属半硬壳结构，截面呈圆形。机头呈尖锥形，机舱后部安装有 2 扇蚌式大型舱门，货舱内有内置的大型伸缩装卸跳板。机头最前部为安装有大量观察窗的领航舱，其下为圆形雷达天线罩。该机采用悬臂式上单翼，不会影响机舱空间。为适应粗糙的前线机场跑道，IL-76 运输机采用了低压起落架系统，以及能在起降阶段低速飞行时提供更大升力的前后襟翼。起落架支柱短粗、结实，采用多机轮和胎压调节装置。

IL-76 运输机右侧仰视图

IL-76 运输机侧后方视角

▌▌▌▶ 运输能力

　　IL-76 运输机安装有绞车、舱顶吊车、导轨等必备的装卸设备，方便装卸工作。由于设计时的各种局限，IL-76 运输机早期型的货舱宽度有限（货舱尺寸为 20×3.4×3.4 米），以至于苏军主战坦克必须拆除侧裙板才能装进货舱内，非常不方便。另外，载重也较为有限（48 吨）。不过，这些缺点在后期改进型上得以弥补，后期改进型的载重达到了 60 吨。

低空飞行的 IL-76 运输机

动力装置

IL-76 运输机的动力装置为 4 台索洛维耶夫设计局生产的 D-301M 涡轮风扇发动机，分别吊装在两侧内翼之下，单台推力 117.6 千牛。每台发动机都安装有蚌壳式反推力装置。内翼和外翼前后梁之间为整体油箱，总燃油量 81830 升。IL-76 运输机配有全天候昼夜起飞着陆设备，包括自动飞行操纵系统计算机和自动着陆系统计算机。

IL-76 运输机在山区飞行

重要事件

2015 年 4 月 25 日，尼泊尔发生了 8.1 级地震，震源深度 20 千米，震后一个月内发生 4 级以上余震 265 次。5 月，俄罗斯曾派出 1 架名为"安纳托利·利亚皮杰夫斯基"号的 IL-76 运输机赴尼泊尔救援。

IL-76 运输机前方视角

十秒速识

IL-76 运输机采用带小幅下反角的后掠上单翼,机翼下吊挂 4 台涡轮风扇发动机。T 形垂直尾翼带有后掠式翼面,三角式起落架可以缩进大型侧整流罩。

IL-76 运输机降落

乌克兰安 –12 "幼狐" 运输机

安 –12 "幼狐"（Cub）运输机是安东诺夫设计局研制的一款四发涡轮螺旋桨运输机，于 1959 年开始服役。

研发历史

安 –12 运输机于 1956 年首次试飞，于 1957 年投入批量生产，1959 年正式服役，1973 年停止生产，总产量为 1248 架，其中民用型约 200 架。安 –12 运输机除供苏联本国军用和民用外，还向波兰、印度、埃及、叙利亚和伊拉克等十多个国家出口，其中大部分供军用，少量供民用。

基本参数	
机长	33.1 米
机高	10.53 米
翼展	38 米
空重	28000 千克
最大速度	777 千米／时
最大航程	5700 千米
实用升限	10200 米

安 –12 运输机的规格、尺寸、性能与同时期的美国 C–130 "大力神" 运输机非常相似，被视为其对应版本。该机曾是苏联运输航空兵的主力，从 1974 年起逐渐被 IL–76 运输机取代。服役期间，安 –12 运输机曾参与了苏军的历次重大战斗行动，包括阿富汗战争。

安 -12 运输机左侧视角

机体构造

安–12运输机是由安–10客机发展而来，但重新设计了后机身和机尾。该机有多种型号，其中安–12BP是标准军用型。安–12客货混合型，主要用于民航运输。安–12电子情报搜集机，机身下两侧增加了4个泡形雷达整流罩。安–12电子对抗型，机头和垂尾内增加了运输能力舱。安–12北极运输型，主要适用于北极雪地和高寒地带，机身下安装有雪上滑橇，载重性能与标准型一样。

安-12运输机右侧视角

安-12运输机侧前方仰视图

运输能力

安–12运输机的货舱门长7.7米、宽2.95米，由品字形排列的3块校接壁板组成，没有整体货桥。它不能像美国C–130运输机一样，当货舱门的一部分向外放下时，构成货桥，使车辆直接驶入货舱。安–12运输机的货桥是在地面上另加上去的。

安–12运输机的最大载重为20000千克，最大起飞重量为61000千克。该机的货舱长度为13.5米、最大宽度为3.5米、最大高度为2.6米，货舱容积为97.2立方米。货舱可容纳100名伞兵，或65副伤员担架或2门小型火炮加 1 辆拖车，或 1 辆中型坦克。由于后机舱不能密封，所以运送大批兵员时，飞行高度要限制在 5000 米以下。

安 -12 运输机侧后方视角

动力装置

　　安 –12 运输机的动力装置为 4 台伊夫钦科 AI–20 涡轮螺旋桨发动机，单台功率为 3000 千瓦。该机起飞滑跑距离为 700 米，着陆滑跑距离为 600 米，最大载重航程为 3600 千米，最大油量航程达 5700 千米。

安 -12 运输机左侧仰视图

▎▎▎▷ 重要事件

2008 年莫斯科时间 5 月 26 日,俄罗斯 1 架安 –12 运输机坠毁,9 人遇难; 2011 年莫斯科时间 8 月 9 日,俄罗斯 1 架安 –12 运输机坠毁,11 人遇难; 2013 年莫斯科时间 12 月 26 日,俄罗斯 1 架安 –12 运输机坠毁,9 人遇难。

安 -12 运输机侧前方视角

▎▎▎▷ 十秒速识

安 –12 运输机采用悬臂式上单翼,机翼下安装有 4 台涡轮螺旋桨发动机。机尾有货物装卸坡。

安 -12 运输机左侧视角

乌克兰安 –124 "秃鹰" 运输机

安 –124 "秃鹰"（Condor）运输机是安东诺夫设计局研制的一款四发远程运输机，于 1986 年开始服役。

研发历史

安 –124 运 输 机 的 计 划 名 称 为安 –40，研发目的是生产一款比安 –22更大的运输机。第一架原型机在 1982 年12 月 26 日首次试飞，第二架原型机在1985 年的巴黎航空展上首次向西方国家

基本参数	
机长	68.96 米
机高	20.78 米
翼展	73.3 米
空重	175000 千克
最大速度	865 千米／时
最大航程	5200 千米
实用升限	12000 米

亮相，而飞机名称同时改为安 –124。1986 年，第五架原型机参加了英国范登堡国际航展，引起国际轰动。同年，安 –124 运输机交付使用。

在安 –225 运输机服役之前，安 –124 运输机是世界上起飞重量最大的运输机。按照 2009 年市值，每架安 –124 运输机的造价约 1 亿美元。安 –124 运输机于 2014 年停产，总产量为 55 架。除了苏联（苏联解体后，俄罗斯和乌克兰均有继承）外，英国、利比亚和阿联酋等国也进口了安 –124 运输机，多数作为民用。作为新一代大型运输机，安 –124运输机充分考虑了用于民航运输时的适航性，噪声特性符合国际民航组织的噪声标准。

安 -124 运输机侧前方视角

机体构造

安 –124 运输机粗大的机身呈梨形截面,主翼为后掠下反式上单翼。机身部件广泛采用复合材料制造。得益于极大的机体尺寸,该机内部设有厕所、洗澡间、厨房和 2 个休息间,飞行员在远程飞行时可以得到较好的休息。为了支撑如此高重量的飞机,安 –124 运输机的机轮采用双机轮设计,鼻轮有两组,每组 2 个;主轮 2 组,每组 10 个,全机共 24 个机轮。

安 -124 运输机侧前方仰视图

安 -124 运输机仰视图

⚑▶ 运输能力

安–124 运输机的机腹贴近地面，机头机尾均设有全尺寸货舱门，分别向上和向左右打开，货物能从贯穿货舱中自由出入。货舱分为上下两层。上层舱室较狭小，除 6 名机组人员和 1 名货物装卸员外，还可载 88 名乘客。下层主货舱容积为 1013.76 立方米，载重可达 150 吨。货舱顶部安装有 2 个起重能力为 10 吨的吊车，地板上还另外有 2 部牵引力为 3 吨的绞盘车。安–124 运输机的货舱前后舱门采用液压装置开闭，分别可在 7 分钟和 3 分钟内打开。由于货舱空间很大，安–124 运输机能够运载普通飞机机身、化工塔器等大型货物。

安 -124 运输机前下方视角

⚑▶ 动力装置

安–124 运输机的动力装置为 4 台普罗格雷斯 D–18T 涡轮风扇发动机，单台推力为 229.5 千牛。该发动机由伊夫琴科进步设计局研制，带有反推力装置。由于燃油消耗极大，安–124 运输机能够携带足足 230 吨燃油。

安 -124 运输机在高空飞行

重要事件

1985 年，安 –124 运输机创下了载重 171219 千克物资，飞行高度 10750 米的世界纪录，打破了由美国 C–5 运输机创造的原世界纪录。此外，安 –124 运输机还拥有 20 多项国际航空联合会承认的世界飞行纪录。

安 -124 运输机起飞

十秒速识

安 –124 运输机采用后掠下反式上单翼，机翼下安装 4 台涡轮风扇发动机。机头机尾均设有全尺寸货舱门，机尾有货物装卸坡。

低空飞行的安 -124 运输机

乌克兰安–225 "哥萨克" 运输机

安–225 "哥萨克" （Cossack）运输机是安东诺夫设计局研制的一款六发重型运输机，于1989年开始服役。

研发历史

20世纪80年代中期，苏联为了运输"暴风雪"号航天飞机与其他火箭设备，开始研发安–225运输机。由于研发时间非常短，安–225运输机的大部分概念都是来自于安–124运输机。一号原型机在

基本参数	
机长	84米
机高	18.1米
翼展	88.4米
空重	285000千克
最大速度	850千米／时
最大航程	15400千米
实用升限	11000米

1988年11月30日完工出厂，并于12月21日在基辅进行第一次试飞，1989年5月12日首次完成"暴风雪"号航天飞机的背负飞行。可惜的是，由于当时苏联的经济已经恶化到不足以支持昂贵的太空计划，因此"暴风雪"计划在实际发射成功一次后就被迫中止，而专门为了太空计划而设计建造的安–225运输机也失去了存在的意义，连正在建造中的二号机也在半途叫停。

苏联解体后，安–225运输机由安东诺夫设计局所在的乌克兰接管，但由于该国的经济状况不佳，无力操作安–225运输机，因此一号机从1994年5月以后就被存放在工厂的一角，机上许多主要零件也被拆下作为安–124与安–70的备用零件，实际上等于是已经处于不能飞行的报废状态。直到21世纪初，安东诺夫设计局才对一号机进行了改装与机身强化，于2000年复飞成功。

安 -225 运输机起飞瞬间

机体构造

　　安 –225 运输机是在安 –124 运输机基础上延长了机身，延长后机身全长 84 米，但客舱的基本横截面和头部舱门未变，取消了后部货斜板 / 舱门。为了背负"暴风雪"号航天飞机并避开在飞行过程中航天飞机后方所产生的乱流，安 –124 运输机原本的单垂尾设计被两个位于水平尾翼末端带上反角的对称式垂直尾翼所取代，变成一个由正前方看去是 H 形的尾翼，所有翼面都后掠，方向舵分为上下 2 段，升降舵则分为 3 段。

　　安 –225 运输机的全机结构也根据尺寸与重量的增加进行了适当的强化。起落架方面，鼻轮是由 2 对复轮（一共 4 个轮胎）组成，而腹轮则是前后 7 组，左右共 2 排，总共有 28 个轮胎，全是以油压方式上下，其中前轮具有转向作用，以提升飞机在地面滑行时的机动性。

安 -225 运输机左侧视角

安 -225 运输机正前方视角

▌▶ ★ 运输能力

安 –225 运输机最初是作为运输火箭用途而设计，货舱形状非常平整，整个货舱全长 43.51 米，最大宽度 6.68 米，货舱底板宽度 6.4 米，最大高度 4.39 米。为了方便巨大货物的进出，安 –225 运输机与大部分大型货机一样，采用可以向上打开的"掀罩"机头，并把驾驶舱设在主甲板上方的二楼处。

安 –225 运输机是目前世界上载重量最大、机身最长的运输机与飞机，其最大起飞重量高达 640 吨。一般，安 –225 运输机拥有运输超过 300 吨的载重能力。相比之下，美国空军所拥有最大型的军用运输机 C–5 只有 122 吨的载重能力。安 –225 运输机的货舱内可装载 16 个集装箱，大型航空航天器部件和其他成套设备，如天然气、石油、采矿、能源等行业的大型成套设备和部件。机身背部能负载超长尺寸的货物，如直径 7 ~ 10 米、长 20 米的精馏塔、俄罗斯的"能源"号航天器运载火箭和"暴风雪"号航天飞机。

安 -225 运输机背负"暴风雪"号航天飞机

▌▶ ★ 动力装置

为了提供足够的推力，安 –124 原本所搭载的 4 台 D–18T 高涵道比涡轮风扇发动机也被增加到了 6 台。由于机身庞大，安 –225 运输机所能携带的油料也相对较多，因此拥有超长的续航能力，在全负载的情况下仍能持续飞行约 2500 千米的距离，而最大油量航程达 15400 千米。

安 -225 运输机侧前方仰视图

　　在国际航空联合会于 2004 年 11 月制定的新世界纪录标准中，安 –225 运输机是长程飞行的载重纪录保持者，拥有多项起飞重量 300 吨以上等级型号的世界纪录。

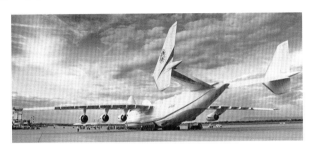

安 -225 运输机侧后方视角

　　安 –225 运输机采用肩扛式机翼设计，机翼下安装了 6 台大型涡轮风扇发动机。对称式垂直尾翼呈 H 形。

安 -225 运输机在高空飞行

欧洲 A400M "阿特拉斯" 运输机

A400M "阿特拉斯"（Atlas）运输机是多个欧洲国家联合研制的一款四发涡轮螺旋桨运输机，于 2013 年 8 月开始服役。

研发历史

A400M 运输机项目是欧洲最大的军事合作项目，法国、德国、英国、西班牙等 7 个欧洲国家投入了大量研发资金。该机的研发计划自 1993 年开始启动，由设在马德里的空中客车军用机公司负责设计，多家欧洲著名公司参加了研发工作，

基本参数	
机长	45.1 米
机高	14.7 米
翼展	42.4 米
空重	76500 千克
巡航速度	781 千米／时
最大航程	8700 千米
实用升限	12200 米

西班牙的塞维利亚总装厂负责总装。由于研发过程困难重重，未能按照原定计划交付并且飞机造价高昂，空中客车公司一度考虑要取消这个计划。

2009 年 12 月 11 日，A400M 运输机在西班牙塞维利亚首次试飞。此时，整个项目已经超支 50 亿欧元，2003 年估计每架飞机的价格为 8000 万美元，而 2009 年时已经变成至少 1.3 亿美元。该机原计划于 2009 年开始交付用户，但直到 2013 年 8 月法国空军才接收了第 1 架 A400M 运输机。截至 2017 年 6 月，A400M 运输机已经生产了 48 架。

A400M 运输机进行飞行测试

机体构造

　　A400M 运输机采用悬臂式上单翼、T 形尾翼的常规气动布局，机翼采用超临界翼型设计，后掠角为 18 度。A400M 运输机的复合材料占结构重量的比例达 35% ～ 40%，特别是机翼，碳纤维复合材料占机翼结构重量比例高达 85%，开创了使用复合材料为主要材料制造大型运输机机翼的先例。为了适应在野战机场起降，A400M 运输机采用承载力强的多轮式前三点起落架。前起落架为并列双轮，主起落架为串列式六轮，宽达 6.2 米的主轮距和低压轮胎有利于飞机在前沿野战简易跑道上起降和转向。

　　A400M 运输机的座舱具有全景夜视能力，可容纳 2 名机组成员，必要时可以多承载 1 人，负责特定任务操作。除了机尾的大货舱门外，A400M 运输机的机身上另有 4 个门，每侧 2 个。前机身 2 个门左边是机组乘员登机门，右边是应急出口，机翼后的 2 个侧门可用于空降伞兵。在驾驶舱和货舱的顶部还布置了 3 个应急出口，并可作为通往机翼上翼面的检修通道。

A400M 运输机侧前方仰视图

A400M 运输机侧后方视角

运输能力

A400M 运输机拥有许多先进的技术，根据空中客车公司的说法，它可以完成以前需要 3 架飞机才能完成的任务。与大多数运输机不同，A400M 运输机的货舱截面几乎是方形的。方形货舱的好处在于增大了有效容积、降低了地板与地面之间的距离，不过相应的代价是结构强度有所损失。为了解决这一问题，设计师对 A400M 运输机进行了优化设计，使其具有不低于 3 万小时的服役寿命，在装载 37 吨货物时过载限制为 2.25G，在装载 31.5 吨货物时过载可达 2.5G，并有很高的结构损伤容限。

A400M 运输机的货舱长 17.71 米，地板宽度为 4 米，高度为 3.85 米，总容积达到了 340 立方米，超出 C-130J 运输机的两倍。不仅如此，

A400M 运输机的高度和宽度甚至超过了载重量更大的 C-141 运输机以及 IL-76 运输机。

A400M 运输机俯视图

动力装置

A400M 运输机的机翼下有 4 台欧洲螺旋桨国际公司的 TP400 涡轮螺旋桨发动机，这是西方目前功率最大的涡轮螺旋桨发动机，单台功率高达 8200 千瓦。每侧机翼的两副螺旋桨旋转方向相反，既可以抵消螺旋桨转动产生的扭矩，又改善了螺旋桨滑流对机翼升力分布的影响，增加了机翼升力系数。在 A400M 运输机的机翼内部布置有 7 个油箱，总共可容纳 640000 升燃油。除了大容量的机翼油箱外，A400M 运输机也可以通过固定在机头上方的受油管来进行空中加油。根据飞行任务的性质不同，这根受油管可以很方便地拆下或重新安装。

A400M 运输机在冰雪环境起飞

重要事件

2015 年 5 月 9 日（当地时间），1 架准备交付土耳其的 A400M 运输机在西班牙塞维利亚进行测试飞行时不幸坠毁，机上多人遇难，2 人受伤。

A400M 运输机侧前方俯视图

十秒速识

A400M 运输机采用适合高亚音速飞行的超临界翼形后掠机翼和 T 形尾翼，垂直尾翼面积较大。为了便于大型装备的装卸和空投，A400M 运输机的尾部明显上翘，并采用两扇货舱门，前货舱门放下后作为装卸货桥。

A400M 运输机在高空飞行

Chapter 07
空中加油机

　　空中加油机是专门给正在飞行中的飞机补加燃料的飞机，可使受油机增大航程，并且延长续航时间，增加有效载重，提高其远程作战能力。空中加油机多由大型运输机或战略轰炸机改装而成，加油设备大多装在机身尾部或机翼下吊舱内，由飞行员或加油员操纵。

美国 KC-97 "同温层货船"空中加油机

KC-97 "同温层油船"（Stratot 安 ker）空中加油机是美国波音公司研制的一款空中加油机，其以 C-97 "同温层货船"军用运输机为基础改装而来。

研发历史

1951 年，波音公司正式推出了新型的 KC-97 空中加油机，美国空军一共采购了 800 架。1952 年，B-52 "同温层堡垒"战略轰炸机服役，同时暴露出 KC-97 空中加油机的使用效率问题，3 架 B-52 战略轰炸机需要 78 架 KC-97 空中加油机的支持。

基本参数	
机长	35.89 米
机高	11.68 米
翼展	43.05 米
空重	37410 千克
最大速度	643 千米／时
最大航程	3700 千米
实用升限	9144 米

除了美国外，西班牙和以色列也购买了 KC-97 空中加油机。

20 世纪 50 年代末，美国空军装备的 KC-97 空中加油机逐渐被 KC-135 空中加油机取代，退役后的 KC-97 空中加油机被转交给国民警卫队，又改回运输机型号，被称作 C-97G，一直使用到 20 世纪 70 年代。

退役的 KC-97 空中加油机

▐▌▊▷ 机体构造

KC-97 空中加油机的上部机身比较宽大，下部机身相对细小，两个部分是拼接起来的。因此这种飞机从总体上看，外形比较怪异。该机与 B-29 轰炸机有许多类似的地方，如主翼、尾翼和发动机的布局。

KC-97 空中加油机侧前方视角

KC-97 空中加油机尾部特写

▐▌▊▷ 加油能力

KC-97 空中加油机能够携带 24 吨燃油，可有效为两架 B-47 轰炸机加油。而 B-52 轰炸机的需求量更大，燃油的消耗率更高，这就意味着 1 架 B-52 轰炸机需要更多的 KC-97 空中加油机来支援。此外，KC-97 空中加油机采用活塞发动机，B-52 轰炸机为涡轮发动机，前者的飞行速度和高度都要落后于后者。在加油时，B-52 轰炸机不得不先降低到 KC-97 空中加油机的飞行高度，加油完成后再爬升到正常的飞行高度，这意味着将产生更多的燃油消耗。KC-97空中加油机的飞行速度比B-52轰炸机慢，如果要在指定地点实施空中加油，KC-97空中加油机必须比B-52轰炸机提前飞行，这无疑需要额外的战斗机进行护航。

KC-97空中加油机为A-7攻击机加油

动力装置

KC-97空中加油机早期型的动力装置为4台普惠R-4360-59B"巨黄蜂"发动机，单台功率为2574千瓦。后期型加装了2台通用电气J47-GE-23涡轮喷气发动机，巡航速度有所提高，能更好地为喷气式飞机加油。

KC-97空中加油机前方视角

重要事件

1955年5月4日，美国空军1架KC-97空中加油机由于发动机火灾造成的失控，在冰岛坠入大西洋，造成 9 人死亡；1957 年 1 月 22 日，美国空军第 384 空中加油队的 1 架 KC-97 空中加油机在加油训练任务中坠毁在阿迪朗达克山脚下，造成 7 人死亡；1957 年 7 月 18 日，美国空军 1 架 KC-97 空中加油机由于双重发动机故障而在奇普兰湖坠毁，造成 8 人死亡；1960 年 3 月 30 日，美国空军 1 架 KC-97 空中加油机在佛罗里达大西洋的大风中坠毁，造成 14 人死亡。

停机坪中的 KC-97 空中加油机

十秒速识

KC-97 空中加油机采用"双泡式"机身、单翼布局、前三点式起落架，每侧机翼下各有 2 台涡轮螺旋桨发动机，机尾下方有外部加油吊杆。

KC-97 空中加油机左侧视角

美国 KC-135 "同温层油船" 空中加油机

KC-135 "同温层油船"（Stratot 安 ker）空中加油机是美国波音公司研制的一款大型空中加油机，也是美国空军第一架喷气式加油机。

研发历史

KC-135 空中加油机是波音公司在 C-135 军用运输机的基础上改装而来。该机于 20 世纪 50 年代研制，1956 年 8 月首次试飞，1957 年正式列装。KC-135 空中加油机在 1955—1965 年生产，总生产量为 803 架，包括 KC-137A、KC-135E、KC-135Q、KC-135R、KC-135T 等多种型号。按照 1998 年市值，每架 KC-135 空中加油机的造价为 3960 万美元。

基本参数	
机长	41.53 米
机高	12.7 米
翼展	39.88 米
空重	44663 千克
最大速度	933 千米／时
最大航程	2419 千米
实用升限	15200 米

KC-135 空中加油机的最初设计目的是为美国空军的远程战略轰炸机进行空中加油，后来也可为美国空军、美国海军、美国海军陆战队的各型战机进行空中加油。除了美国外，智利、法国、新加坡、土耳其等国也进口了 KC-135 空中加油机。截至 2017 年 6 月，KC-135 空中加油机仍在服役。

跑道上的 KC-135 空中加油机编队

⬛⬛⬛⭐ 机体构造

　　KC-135 空中加油机的机体源于 C-135 运输机，而 C-135 运输机是波音公司在波音 367-80（波音 707 原型机）的基础上发展而成。KC-135 空中加油机的机身由铝合金制成，机翼后掠角为 35 度，机体可分为上、下两个部分，上部分通常作为货舱使用，下半部分则是燃油舱。机身后面部分是加油作业区。该机共有 10 个机身油箱，前后机身地板下和机尾地板上有 5 个，机翼两方各有 1 个主油箱和 1 个备用油箱，还有 1 个中央翼油箱。

KC-135 空中加油机侧前方仰视图

KC-135 空中加油机左后方视角

▌▌▌★ 加油能力

KC-135 空中加油机可装载 103 吨燃油，具备同时为多架飞机加油的能力，它采用伸缩套管式空中加油系统，加油作业的调节距离 5.8 米，可以在上下 54 度、横向 30 度的空间范围内活动。这种加油方式避免了让受油机降低高度及速度的麻烦，既提高了加油安全性，也提高了受油机的任务效率。当 KC-135 空中加油机仅用单个油箱加油时，每分钟可以加油 1514 升。前后油箱同时使用时，每分钟可以加油 3028 升。

KC-135 空中加油机在为 F-16 战斗机加油

▌▌▌★ 动力装置

KC-135 空中加油机的机翼下有 4 台 J57-P-59W 涡轮喷气发动机，单台推力为 96.2 千牛。

KC-135 空中加油机起飞

重要事件

2002 年 9 月，美国空军启动 KC-135 "灵巧加油机" 计划。这项计划把当时现役的 40 架 KC-135 空中加油机改装成为 "灵巧加油机"。改进后的 KC-135 空中加油机拥有了更强的收集、传递和发送信息能力，能使用不同的数据链在战区内相互通信联系，从而极大地提高了战区加油的效率。

KC-135 空中加油机在高空飞行

十秒速识

KC-135 空中加油机采用悬臂式后掠下单翼和正常布置的悬臂式尾翼，机身后下方装有伸缩管。

KC-135 空中加油机左侧视角

美国 KC-10 "延伸者" 空中加油机

KC-10 "延伸者"（Extender）空中加油机是美国麦克唐纳·道格拉斯公司研制的三发空中加油机，在 DC-10 喷气式客机的基础上发展而来。

研发历史

1977 年，麦克唐纳·道格拉斯公司战胜了波音公司提出的由波音 747 客机改装空中加油机的方案,被美国空军的"先进加油货运飞机"计划选中。原型机于 1980 年 7 月 12 日首飞，同年 10 月 30 日完成首次空中加油试验，次年 3 月 17

基本参数	
机长	55.35 米
机高	17.7 米
翼展	50.41 米
空重	109328 千克
最大速度	996 千米／时
最大航程	7080 千米
实用升限	12800 米

日正式交付美国空军。美国空军共采购了 60 架 KC-10 空中加油机，1988 年 11 月 29 日交付完毕。截至 2017 年 6 月，KC-10 空中加油机仍然在美国空军服役。此外，荷兰空军也购买了 2 架 KC-10 空中加油机。

KC-10 空中加油机为 V-22 倾转旋翼机加油

◤◤◤ 机体构造

　　KC-10空中加油机的总体布局与DC-10客机基本相同。除了DC-10客机原有的标准机翼油箱和辅助油箱外，KC-10空中加油机增设了由7个非增压整体囊式油箱组成的油箱系统，3个在机翼前方，4个在机翼后方，全部位于货舱地板，利用龙骨梁和能量吸收材料来进行防护，可从机舱甲板直接安装、拆卸、维护、检查这些油箱。此外，KC-10空中加油机还增加了包括军用航空电子设备、受油机指示灯、空中加油伸缩套管、锥形加油管嘴、空中加油受油口、3座空中加油操作舱和卫星通信设施等装备。

　　KC-10空中加油机的机组由飞行员、副驾驶、飞行工程师和加油操作员4人组成。3座空中加油操作增压舱位于后机身下方油箱后面，有独立的热管理系统，加油操作员从机舱甲板进入，面向后乘坐，其后面2个座椅可乘坐教官和学员，用于训练。为了便于载货，前机身左侧布置了一个大的向上开启的货舱门，机舱内可装载27个货盘或17个货盘加75名乘客。

KC-10空中加油机侧前方视角

KC-10空中加油机仰视图

加油能力

KC-10 空中加油机可同时为 2 架飞机加油，其最大载油量达 161 吨，远超 KC-135 空中加油机。KC-10 空中加油机的空中加油系统为全新设计，操作员通过数字式电传操纵系统来控制机尾的加油系统。通过伸缩套管，燃油以最高 4180 升 / 分钟的速率传输到受油机中。通过锥形管嘴，最大加油速率是 1786 升 / 分钟。该机配有自动加装燃油阻尼系统和独立燃油断接系统，提高了空中加油的安全性和便利性。

KC-10 空中加油机自身也可接受空中加油，通过 KC-135 空中加油机或其他 KC-10 空中加油机对其加油来增加运输航程。除了用于空中加油外，KC-10 空中加油机还可作为战略运输机使用，可以在给战斗机加油的同时给海外部署基地运送士兵和所需物资。

KC-10 空中加油机为战斗机加油

动力装置

KC-10 空中加油机的动力装置为 3 台通用电气公司的 CF-6-50C2 涡轮风扇发动机，单台推力为 234 千牛。1 台发动机安装在后机身上方垂尾根部，另 2 台发动机分别安装在两侧机翼下的吊舱内。

KC-10 空中加油机起飞

重要事件

在 1991 年的"沙漠盾牌"和"沙漠风暴"行动中，KC–10 机群除了给美国空军及其盟军加油外，还运输了数以万计的货物和士兵，支持海湾地区基地的逐步建立。

KC-10 空中加油机（前）与 F-35B 战斗机（后）

十秒速识

KC–10 空中加油机的半硬壳金属机身是宽体客机设计，悬臂式设计的主机翼，装有前缘缝翼、翼面扰流装置与后缘襟、副翼。鼻轮为双轮式，主起落架的配置较为特别，除了采用前后 2 组双轮设计的左、右起落架，在机腹中线还有 1 个双轮式起落架。

KC-10 空中加油机左侧仰视图

美国 KC-46 "飞马" 空中加油机

KC-46 "飞马" （Pegasus）空中加油机是美国波音公司研制的一款空中加油机，衍生自波音 767 客机，也可作为战略运输机使用。

研发历史

21 世纪初，美国空军决定采用 KC-767 空中加油机取代老旧的 KC-135E 空中加油机。2003 年 12 月，这一合同因涉嫌贪污而被终止。2011 年 2 月 24 日，美国空军重新选用了波音公司的修改版 KC-767 计划，并更名为 KC-46 空中加

基本参数	
机长	50.5 米
机高	15.9 米
翼展	48.1 米
空重	82377 千克
最大速度	1046 千米／时
最大航程	11830 千米
实用升限	12200 米

油机。2014 年 12 月 28 日，KC-46 空中加油机第一架原型机成功进行了首飞，飞行时间为 3.5 小时，标志着美国在下一代空中加油机的发展上又进入了新的阶段。KC-46 空中加油机计划将在 2018 年进入美国空军服役。

KC-46 空中加油机侧前方仰视图

机体构造

KC–46 空中加油机使用波音 767–2C 客机的机身，机身使用了包括石墨碳纤维、凯夫拉纤维在内的多种新型材料，提高了飞机的结构强度和寿命，并降低了重量。KC–46 空中加油机采用了源于波音 787 客机的先进座舱，不仅使座舱达到先进水平，也便于与加油机需要的军用电子系统对接。为了适合载货，该机的货舱地板被刻意加强，还加装了便于舱内货物移动的地板滚轮和舱顶行车系统。

KC-46 空中加油机右侧视角

KC-46 空中加油机后方视角

加油能力

KC–46 空中加油机采用美国空军通用的伸缩套管加油模式和"远距空中加油操作者"系统，具备一次为 8 架战斗机补充燃料的能力，能为目前所有的西方战斗机进行加油。KC–46 空中加油机更突出的特点是采用了可变换货舱的结构设计，同时具有运输机和加油机的功能。在保持加油能力的前提下，可以容纳 200 名乘客和 4 辆军用卡车。KC–46 空中加油机要比 KC–135 空中加油机多载 20% 的燃料，而货物和人员运输能力更是 KC–135 空中加油机的 3 倍。

KC-46 空中加油机为 A-10 攻击机加油

动力装置

KC–46 空中加油机的动力装置为 2 台普惠 PW4062 高涵道比涡轮风扇发动机，单台推力为 282 千牛。该机的最大速度为 1046 千米 / 时，巡航速度为 851 千米 / 时。

KC-46 空中加油机在低空飞行

重要事件

2016 年 1 月 24 日，KC–46 空中加油机首次进行了空中加油试验，向一架 F-16 战斗机输送了 725 千克燃油。

KC-46 空中加油机为 F-16 战斗机加油

KC-46 空中加油机采用悬臂式下单翼，机翼下吊挂 2 台涡轮风扇发动机。双轮前起落架向前收起，主起落架为四轮小车式，向内收起。

KC-46 空中加油机起飞

俄罗斯 IL-78 "大富翁" 空中加油机

IL-78 "大富翁" (Midas) 空中加油机是伊留申设计局在 IL-76 "耿直" 运输机基础上改装的空中加油机，于 1984 年开始服役，截至 2017 年 6 月仍然在役。

研发历史

苏联早期的空中加油机采用图 -16 和米 -4 轰炸机改装，加油能力非常有限。1982 年，伊留申设计局开始在 IL-76MD 运输机的基础上研制 IL-78 空中加油机。该机于 1983 年 6 月 26 日首次试飞，

基本参数	
机长	46.59 米
机高	14.76 米
翼展	50.5 米
空重	72000 千克
最大速度	850 千米／时
最大航程	7300 千米
实用升限	12000 米

翌年开始服役。IL-78 空中加油机先后有 Il-78、IL-78T、IL-78M、IL-78ME、IL-78MP 等型号问世，各种型号共制造了 53 架。

IL-78 空中加油机主要用于给远程飞机、前线飞机和军用运输机进行空中加油，同时还可用作运输机，并可向机动机场紧急运送燃油。苏联解体后，俄罗斯和乌克兰各继承了一部分 IL-78 空中加油机。此外，印度、巴基斯坦、阿尔及利亚、利比亚等国也进口了 IL-78 空中加油机。

印度空军装备的 IL-78 空中加油机

机体构造

IL−78 空中加油机采用 IL−76 运输机的机身，它保留了后者货舱的载运能力，但在机身内增设了 2 个（后期型为 3 个）较大的可移动金属油箱。由于货舱内保留了货物处理设备，因此只要拆除货舱油箱，即可担任一般运输或空投任务。该机左右机翼的下方和机尾左侧，各挂载有 1 具 UPAZ−1 空中加油吊舱。IL−78 加油机的机尾没有安装武器，炮手位置由加油控制员取代。

IL-78 空中加油机侧前方仰视图

IL-78 空中加油机侧后方仰视图

加油能力

IL−78 空中加油机采用三点式空中加油系统，加油管长 26 米，可通过机腹加油点为 1 架重型轰炸机、机翼加油点为 2 架战术飞机同时进行空中加油。IL−78 早期型安装的 UPAZ−1A 吊舱的正常输油速度为 1000 升 / 分，IL−78 后期型换装了 UPAZ−1M 吊舱，性能更先进，输油能力提高到 2340 升 / 分。IL−78 后期型的最大载油量达 106 吨，输油软管的拖出长度比 IL−78 早期型更长，进行空中加油时的安全性也相对较高。

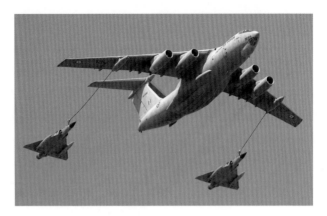

IL-78 空中加油机为"幻影 2000"战斗机加油

动力装置

IL-78 空中加油机的动力装置为 4 台 D-30KP-2 涡轮风扇发动机，单台推力为 118 千牛。该机的最大起飞重量为 210000 千克，最大平飞速度 850 千米 / 时，空中加油高度为 2000 ~ 9 000 米，加油时飞行速度为 430 ~ 590 千米 / 时。

印度空军 IL-78 空中加油机在高空飞行

重要事件

1993 年，俄罗斯国防部使用极为有限的资金组织了"日出 93"演习，首次使用 IL-78 空中加油机为苏 -24 战斗轰炸机加油，使 10 架苏 -24 战斗轰炸机的航程达到了将近 8000 千米，从沃罗涅日起飞，到达布里亚特共和国的吉达，执行教学轰炸任务。这个纪录直到 2010 年才在"东方2010"演习中打破，当时 26 架苏 –24 和苏 –34 战斗轰炸机从俄罗斯中部地区飞到远东地区，由临时部署到叶卡捷琳堡的 IL–78M 进行空中加油。

IL-78 空中加油机降落

十秒速识

IL–78 空中加油机的机头呈尖锥形，机翼为悬臂式上单翼，左右机翼的下方和机尾左侧各有 1 具空中加油吊舱。

IL-78 空中加油机准备为 2 架 Su-34 战斗机加油

欧洲 A310 MRTT 空中加油机

A310 MRTT（Multi Role T 安 ker Tr 安 sport）空中加油机是在欧洲空中客车公司 A310-300 客机基础上发展而来的一款空中加油机。

研发历史

A310 MRTT 空中加油机是在空中客车公司的 A310-300 客机基础上改装而来，其改装工作由空中客车德国分公司和汉莎航空技术公司联合完成。2003 年 12 月，A310 MRTT 空中加油机首次试飞成功。2004 年 9 月，首批 A310 MRTT 空

基本参数	
机长	47.4 米
机高	15.8 米
翼展	43.9 米
空重	113999 千克
最大速度	978 千米／时
最大航程	8889 千米
实用升限	12500 米

中加油机交付给了德国空军和加拿大空军。按照设计目标，A310 MRTT 加油机将担负空中加油、空中运输、医疗救护和重要人员运输等诸多任务，但主要还是执行空中加油任务。

德国空军装备的 A310 MRTT 空中加油机

▌▌▌▶ 机体构造

A310 MRTT 空中加油机对 A310-300 客机的机翼结构、机舱构型和各种系统进行了改进，它在机翼内部原有 5 个中心燃油箱的基础上，可以在货舱底部加装 4～5 个附加中央油箱，其中前机身 2 个，后机身 2～3 个。附加中央油箱采用储油罐式，每个装有 5.7 吨燃油。A310 MRTT 空中加油机携带的燃油容量总共达到了 77.5 吨。该机的驾驶舱增加了 1 个空中加油操作员位置，用于实时监控整个加油过程。作为一种多功能飞机，A310 MRTT 空中加油机可以在 50 小时之内完成像应改装。它不仅能担负部队及物资运输任务，而且能在人道主义任务中发挥空中救援作用。

A310 MRTT 空中加油机前方视角

A310 MRTT 空中加油机仰视图

▌▌▌▶ 加油能力

A310 MRTT 空中加油机的空中加油系统由机翼吊舱和控制设备组成。机翼两侧下方分别挂载 1 具 Mk 32B-907 加油吊舱，其内部装有 1 根 23

米长的加油软管和漏斗形接头，每分钟输送燃油 1500 升，可以同时为 2 架装有受油管的作战飞机加油，实施加油操作过程中没有飞行包线限制。A310 MRTT 空中加油机在飞行 5550 千米航程期间，可以为作战飞机加注 33 吨燃油，而在飞行 1850 千米航程、在指定空域巡航 2 个小时期间，可以为作战飞机加注 40 吨燃油。

在空中加油操作员的控制台上，不仅可以显示出机载燃油总量、燃油分配和单个油箱的燃油容量，而且还能显示出空中加油时的流量、温度和输送的燃油总量。操作员的任务是通过安装在机翼/机身的防护罩内、具备红外能力的近距和远距摄像机观察受油飞机，负责控制飞机集合点信标和加油机红外泛光灯照明，有助于实现空中加油昼夜监控。同时，正、副驾驶员位置也装备有全部控制和监视附加油箱、编队、集合点灯光和军用电子设备的界面，可以直接获取有关空中加油操作员的操作和安全等方面的主要信息和控制指令。

A310 MRTT 空中加油机为 2 架战斗机加油

动力装置

A310 MRTT 空中加油机的动力装置为 2 台通用电气 CF6-80C2 涡轮风扇发动机，单台推力为 262 千牛。得益于发动机的强劲推力，A310 MRTT 空中加油机在完全承担运输任务的情况下，最大货物承载能力可达 37 吨。在担负部队输送任务时，A310 MRTT 空中加油机可搭乘 214 名士兵。

当执行物资与部队运输双重任务时，则可搭载 54 名士兵和 12 个货盘。

A310 MRTT 空中加油机侧前方视角

重要事件

　　德国空军装备了 4 架 A310 MRTT，其中有 3 架是作为空中加油机来使用，而第四架则被用作空中急救医院。由于此前德国空军的空中加油任务需要得到盟国空军的帮助，所以 A310 MRTT 空中加油机服役后，每年可以为德国空军节省 1600 万美元的开支，也为今后执行军事行动提供了更大的灵活性与独立性。

A310 MRTT 空中加油机右侧视角

十秒速识

　　A310 MRTT 空中加油机采用带有翼尖小翼的后掠式下单翼，后掠式垂直尾翼和下置水平尾翼，每侧机翼下各安装有 1 台涡轮风扇发动机。

停机坪上的 A310 MRTT 空中加油机

欧洲 A330 MRTT 空中加油机

A330 MRTT 空中加油机是在欧洲空中客车公司 A330-200 客机基础上发展而来的一款空中加油机，于 2011 年开始服役。

研发历史

21 世纪初，欧洲宇航防务集团、劳斯莱斯、泰利斯等公司联合成立了空中油轮集团，试图竞标英国"未来战略加油机"项目。空中油轮集团决定以 A330-200 客机为基础发展新型空中加油机，其结果就是 A330 MRTT 空中加油机。该机

基本参数	
机长	58.8 米
机高	17.4 米
翼展	60.3 米
空重	125000 千克
最大速度	880 千米／时
最大航程	14800 千米
实用升限	13000 米

2007 年 6 月首次试飞，原计划于 2008 年开始服役，但因各种原因推迟到了 2011 年。

A330 MRTT 空中加油机采用了目前所能应用的各种先进技术，在总体性能、订单数量和交付时间等方面冲击着波音公司多年来在加油机市场的垄断地位。截至 2017 年 6 月，A330 MRTT 空中加油机已经取得了英国空军、法国空军、荷兰空军、沙特阿拉伯空军、阿联酋空军、澳大利亚空军、新加坡空军、韩国空军的订单。

英国空军装备的 A330 MRTT 空中加油机

机体构造

　　A330 MRTT 空中加油机是在 A330-200 客机基础上发展而来，安装有自卫电子战设备。该机所有的燃油都装在位于机翼吊舱和机尾的油箱里，没有占用客货舱的空间。A330 MRTT 空中加油机在左右机翼下各配置 1 套为战斗机加油的软式锥形套管，在后机身下还设有 1 套为大型飞机加油的硬式伸缩套管。

A330 MRTT 空中加油机仰视图

A330 MRTT 空中加油机左侧视角

加油能力

由于机体尺寸较大，A330 MRTT 机翼内油箱的最大载油量达到了 111 吨，因此无须增加任何附加油箱，仅仅安装必要的管路系统和控制设备即可具备充足的空中加油能力。A330 MRTT 空中加油机可以在飞行 4000 千米期间，为 6 架战斗机空中加油，并运送 43 吨货物，或者在飞行 1850 千米、预定空域巡航 2 小时期间，为作战飞机加注 68 吨燃油。

A330 MRTT 空中加油机为 2 架 F/A-18 战斗 / 攻击机加油

动力装置

A330 MRTT 空中加油机的动力装置为 2 台通用电气 CF6-80E1 涡轮风扇发动机，单台推力为 320 千牛。一些国家装备的 A330 MRTT 空中加油机换装了劳斯莱斯 772B 发动机或普惠 PW4170 发动机，但推力相差不大。

A330 MRTT 空中加油机前方视角

重要事件

2004 年，A330 MRTT 空中加油机在澳大利亚竞争价值 20 亿美元的换装现役加油运输机的竞标中，战胜了美国波音公司的 KC−767 方案。

A330 MRTT 空中加油机侧后方视角

十秒速识

A330 MRTT 空中加油机采用后掠式下单翼、后掠式垂直尾翼、后掠式下置水平尾翼，每侧机翼下各有 1 台涡轮风扇发动机。

A330 MRTT 空中加油机在高空飞行

英国 VC-10K 空中加油机

　　VC-10K 空中加油机是英国在 VC-10 四发中远程民航客机的基础上改装而成的空中加油机，在 1978—2013 年服役，也可作为运输机使用。

研发历史

　　VC-10 客机由原英国维克斯·阿姆斯特朗公司研制，于 1958 年开始设计，1962 年 6 月首次试飞，1964 年 4 月加入英国航班运营。该机有标准型 VC-10 和超 VC-10 两种基本型号，其区别在于后者采用了推力较大的"康威尔"涡扇发动机，

基本参数	
机长	48.36 米
机高	12.04 米
翼展	44.55 米
空重	63278 千克
最大速度	933 千米 / 时
最大航程	9412 千米
实用升限	13105 米

垂尾内增加了 1 个油箱，机身加长了 3.96 米，商载（航空器装载中收费的那一部分装载的重量）增大。到 1964 年年底，所有标准型 VC-10 全部交付。1970 年 2 月，最后一架超 VC-10 交付给东非航空公司后，该机停产。

　　自 1965 年，英国空军开始尝试将 VC-10 客机改装为战略运输机。1978 年，英国空军与英国宇航系统公司签订合同，将原英国海外航空公司（1974 年与英国欧洲航空公司合并为英国航空公司）的 5 架标准型 VC-10 和东非航空公司的 4 架 VC-10 改装为空中加油机。20 世纪 90 年代初期，又有 5 架英国航空公司的 VC-10 被改装为 VC-10K 空中加油机。从 2012 年开始，英国空军装备的 VC-10K 空中加油机逐渐被 A330 MRTT 空中加油机取代，2013 年全部退役。

VC-10K 空中加油机左侧视角

📖 机体构造

　　VC-10K 空中加油机采用机尾安装发动机的布局，将 4 台发动机短舱悬吊在机身尾部两侧，这样既远离乘员舱，又紧靠机身，在一侧发动机故障时不致引起严重的不平衡推力，避免机翼装发动机吊舱对升力和阻力的影响。由于机尾安装发动机位置的影响，水平尾翼不能安装在机身上，所以采用高平尾布局。平尾的控制机构需要通过垂尾结构，增加了复杂性和重量。另外，维护、更换发动机操作也不方便。

VC-10K 空中加油机仰视图

VC-10K 空中加油机放出加油装置

加油能力

　　VC-10K 空中加油机的航程远，加油半径大，曾是英国空军的主要加油机机种。该机安装有英国自己生产的软管式加油设备，可同时给 3 架飞机进行空中加油。中央加油软管安装在右侧的 2 台发动机之间，软管铰盘装在垂尾根部的机身内。机翼外侧的机翼下吊挂着 2 个 Mk 32 空中加油吊舱（内有软管铰盘）。VC-10K 空中加油机的机头安装有固定的受油探管，可接受另一架空中加油机加油。加油机和受油机的对接和脱离由 1 名工程师控制，可通过电视屏幕进行监控。

VC-10K 空中加油机的驾驶舱特写

动力装置

　　VC-10K 空中加油机的动力装置为 4 台劳斯莱斯"康威尔"Mk 301 涡轮风扇发动机，发动机推力较大（单台推力为 100.1 千牛），具有在高原、高温的英属非洲地区起降的能力。

VC-10K 空中加油机侧前方视角

重要事件

2004 年，英国国防部曾授予英国宇航系统公司一份总金额为 2.07 亿英镑的后勤保障合同，用以保证英国空军的 VC-10K 空中加油机编队能够继续服役。

VC-10K 空中加油机前方视角

十秒速识

VC-10K 空中加油机采用全翼展前缘缝翼，两侧各有一个翼刀。尾部为 T 形尾翼，采用后三点式起落架，主起落架为四轮小车式。四台发动机分别吊装在机尾两侧。

VC-10K 空中加油机在高空飞行

Chapter 08
教练机

　　教练机是训练飞行员从最初级的飞行技术到能够单独飞行或完成指定工作的特殊机种。无论是操作军用或民用飞机的飞行员都需要经过一些相同的训练程序，使用类似的教练机完成基础飞行课程。

美国 T-1 "樫鸟鹰" 教练机

T-1 "樫鸟鹰"（Jayhawk）教练机是美国比奇公司（现已并入雷神飞机公司）研制的教练机，由"比奇喷气"公务机改进而来，专门为美国空军培养运输机和加油机飞行员。

研发历史

1985 年 12 月，以研发小型涡轮螺旋桨飞机著称的美国比奇公司（1994 年并入雷神飞机公司）从三菱重工业公司和三菱飞机国际公司买断了"金刚石Ⅱ"公务机的专利。比奇公司重新设计了飞机的内部，并改称"比奇喷气"公务机。

基本参数	
机长	14.76 米
机高	4.24 米
翼展	13.26 米
空重	4740 千克
最大速度	867 千米／时
最大航程	5371 千米
实用升限	12000 米

1990 年 2 月，美国空军宣布将采购 211 架"比奇喷气"公务机作为加油机和运输机飞行员用教练机。1992 年 1 月，比奇公司向美国空军交付了第一架 T-1 教练机。1993 年，美国空军的训练体制进行了改革，T-1 教练机是美国空军实行新的飞行员训练大纲后交付的第一批教练机。1997 年，T-1 教练机停产，总产量为 180 架。按照 2005 年市值，每架 T-1 教练机的造价为 410 万美元。除了美国空军外，日本航空自卫队也装备了 T-1 教练机。截至 2017 年 6 月，美国空军和日本航空自卫队装备的 T-1 教练机均未退役。

美军基地中的 T-1 教练机

机体构造

T-1 教练机采用下单翼、T 形尾翼的常规布局，座舱前有两片较大的挡风玻璃，两侧有较大的侧窗，前向和侧向视野良好。机身采用了半硬壳式破损安全耐疲劳增压结构，带有上反角的悬臂式下单翼采用三菱重工业公司设计的翼形。T-1 教练机采用液压可收放的前三点式起落架，前、主起落架均为单轮结构，安装有固特异公司机轮和刹车装置。主起落架向内收入机身，可转弯操纵的前起落架向前收起。

T-1 教练机右侧视角

T-1 教练机侧后方仰视图

培训能力

T–1 教练机尽管采用双人驾驶机制，但只需 1 人就可正常驾驶飞机。因该机拥有足够的航程与留空时间，在正常情况下，1 名教官至少可以带飞 4 名飞行员在一次飞行中轮换练习驾驶技术。较之传统的双座教练机，培训效率大大提高。与传统的串列或并列双座教练机不同，该机的人机界面与运输机、加油机有着很大的共通性，减少，甚至消除了学员今后驾驶大型运输机、加油机的生疏感。

T-1 教练机和参加训练的美军学员

动力装置

T–1 教练机的动力装置是 2 台 JT15D–5B 涡轮风扇发动机，单台最大连续推力 12.9 千牛。该发动机是普惠加拿大公司研发的中等涵道比、小推力的双转子涡轮风扇发动机，主要供小型商业飞机和公务机使用。JT15D–5B 发动机保证了 T–1 教练机在 8840 米高度时，最大平飞速度达到 867 千米 / 时，在 11890 米高度的巡航速度为 828 千米 / 时。为了降低采购成本，减少维护工作量，绝大多数的 T–1 教练机在交付时发动机短舱都没有安装反推力装置。

T-1 教练机准备起飞

▶ 重要事件

1993 年，美国空军的训练体制进行了改革，驾驶喷气式运输机、加油机的学员要在完成 T-6 基础教练机的飞行训练后，再驾驶 T-1 教练机，进行为期 120 个训练日，共飞行 61 架次 104 小时的飞行训练。

跑道上停放的 T-1 教练机编队

▶ 十秒速识

T-1 教练机采用尾吊双发、下单翼、T 形尾翼的布局，机身两侧共有 6 个舷窗，机头右侧有冷空气进口。起落架为可收放前三点式，起落架支柱较短，使机身在地面停放时距地面较近。

飞行中的美国空军 T-1 教练机

美国 T-6 "德州佬 II" 教练机

T-6 "德州佬 II"（Tex 安 II）教练机是美国雷神飞机公司制造的一款初级教练机，于 2001 年开始服役。

研发历史

20 世纪末，为了参加美军初级教练机案竞标，雷神飞机公司向瑞士皮拉特斯公司买断了 PC-9 Mk II 教练机的设计与制造权，以 PC-9 Mk II 教练机为基础改良出全新的 T-6 "德州佬 II" 初级教练机。

基本参数	
机长	10.16 米
机高	3.25 米
翼展	10.19 米
空重	2135 千克
最大速度	515 千米／时
最大航程	1667 千米
实用升限	9400 米

该机于 2000 年首次试飞，2001 年开始服役，逐渐取代老旧的 T-37 教练机。

截至 2017 年 6 月，T-6 教练机仍在继续生产，总产量超过 850 架，每架造价约 430 万美元。该机主要有 T-6A、T-6B、T-6C 三种型号，T-6A 为美军采购的标准型，T-6B 为座舱升级型，而 T-6C 由 T-6B 改进而来，主要改良为武器挂架升级、飞行软件更新等。除了装备美国各大军种外，英国、加拿大、希腊、以色列、墨西哥、摩洛哥、新西兰等国也进口了 T-6 教练机。

以色列空军使用 T-6 教练机进行特技表演

机体构造

　　T-6 教练机仅使用了 PC-9 教练机的优异气动力外形，内部重新设计项目超过 70%。该机的单一座舱的 2 个座椅呈前后阶梯式分布，学员在前，教官在后。学员也可以在前座椅单独驾驶。机舱盖是一体式侧开机舱盖，飞行员从侧面进入座舱。机舱盖的强度可以抵抗 270 节速度的鸟撞。T-6 教练机配备了马丁·贝克公司的 Mk 16 弹射座椅，供紧急逃生时使用。

T-6 教练机正前方仰视图

T-6 教练机仰视图

培训能力

　　T-6 教练机主要用于向联合专业飞行学员培训军用飞机的基础飞行技巧，在获得这些飞行技巧后他们才可能继续学习驾驶四大类军用飞机，包括：空军轰炸机战斗机类、空军运输机加油机类、海军战斗机类、空军海军直升机类。T-6 教练机的机动性能好，其加压座舱装有抗过载系统，以及先进的航空电子设备和昼间可读液晶显示器。前座舱有用于武器训练的可调瞄准具和照相枪。

T-6 教练机侧前方视角

动力装置

　　T-6 教练机有 1 台普惠加拿大公司生产的 PT6A-68 涡轮螺旋桨发动机，最大功率为 820 千瓦。该机操作成本低，耗油量也较低，机身内油箱可容纳 700 升燃油，两侧机翼下还有 6 处挂架，可吊挂油箱和各式武器。T-6 教练机具有卓越的推重比，在起飞阶段每分钟可以爬高 1006 米，6 分钟内可以达到 5486 米的高度。

T-6 教练机侧前方仰视图

重要事件

2001 年 10 月，美国空军开始使用 T-6 教练机进行"联合初级飞行训练"。2008 年年底，T-6 教练机取代了全部 T-37 教练机。

停机坪上的 T-6 教练机

十秒速识

T-6 教练机采用串列座位布局，梯形机翼安装在机身中部下方位置。该机拥有加大型背鳍。机头安装有涡轮螺旋桨发动机，起落架为可收放前三点式。

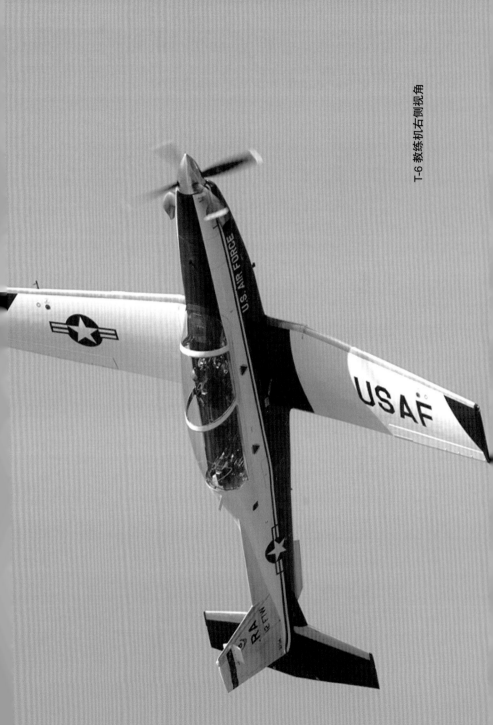

T-6 教练机右侧视角

美国 T-38 "禽爪" 教练机

  T-38 "禽爪"（Talon）教练机是美国诺斯洛普公司（现诺斯洛普·格鲁曼公司）研制的一款双发超音速中级教练机，1961 年开始服役。

研发历史

  T-38 教练机主要用来取代美国空军已经老化的 T-33 教练机，其研制计划始于 1956 年。1959 年 4 月，第一架原型机首次试飞，生产型 T-38A 则于 1961 年 3 月交付使用。之后，陆续出现了 T-38A(N)、AT-38A、DT-38A、GT-38A、NT-38A、QT-38A、AT-38B、T-38C、T-38M 和 T-38N 等多种衍生型。截至 1972 年 1 月停产为止，T-38 系列教练机共生产了 1146 架。除了美国空军外，德国空军、土耳其空军、韩国空军和葡萄牙空军也有采用。截至 2017 年 6 月，T-38 教练机仍在美国空军、德国空军和土耳其空军服役。

基本参数	
机长	14.14 米
机高	3.92 米
翼展	7.7 米
空重	3270 千克
最大速度	1381 千米／时
最大航程	1835 千米
实用升限	15240 米

T-38 教练机右侧视角

⫸ 机体构造

　　T–38 教练机是一种双座、双发超音速喷气式教练机，其拥有气泡状座舱罩，以及低安装的后掠翼和水平尾翼。机身进气口位于驾驶舱下。该机采用可收放式起落架，主轮距为 3.28 米，前后轮距为 5.93 米。

T-38 教练机左侧视角

T-38 教练机仰视图

⫸ 培训能力

　　T–38 教练机的气动外形设计优良，飞行控制系统安全可靠，至今仍然保持着美国空军超音速飞机的最佳安全纪录。强调全生命周期成本奠定了 T–38 教练机超长时间服役的基础，加上美国空军合理规划和安排训练任务，T–38 教练机一直在美国空军的飞行训练体系中发挥着重要作用。美国国家航空航天局也使用 T–38 教练机来训练宇航员。

美国国家航空航天局使用的 T-38 教练机

动力装置

T-38 教练机的动力装置为 2 台通用电气 J85-GB-5 涡轮喷气发动机，单台推力 11.93 千牛，加力推力 17.13 千牛。该机的正常起飞重量为 5490 千克，最大起飞重量为 5900 千克，机内有燃油 2206 升。最大平飞速度为 1381 千米 / 时，最大巡航速度为 1010 千米 / 时，爬升率为 152 米 / 秒，起飞滑跑距离为 756 米，着陆滑跑距离为 930 米。

T-38 教练机起飞

重要事件

2014 年 12 月 16 日，美国空军 1 架 T-38 教练机在起飞过程中，后方驾驶座的舱盖不慎掉落。该机随后立即紧急着陆，并未造成人员伤亡。

T-38 教练机编队飞行

十秒速识

T-38 教练机的后掠翼和水平尾翼安装在机身较低位置，座舱罩为气泡状，驾驶舱下方有进气口。

座舱盖开启的 T-38 教练机

美国 T-45 "苍鹰" 教练机

T-45 "苍鹰"（Goshawk）教练机是美国麦克唐纳·道格拉斯公司研制的一款高级教练机，主要作为美国海军航空母舰训练用教练机，于 1991 年开始服役。

研发历史

T-45 "苍鹰" 教练机是麦克唐纳·道格拉斯公司在英国 "鹰" 式教练 / 攻击机基础上根据美国海军的要求研制的单发、串列双座先进教练机，用来取代已过时的 T-2C "橡树" 教练机和 TA-4J "空中之鹰"

基本参数	
机长	11.99 米
机高	4.08 米
翼展	9.39 米
空重	4460 千克
最大速度	1038 千米 / 时
最大航程	1288 千米
实用升限	12950 米

教练机。该机于 1981 年 11 月开始研制，1988 年 4 月 16 日首次试飞，首架生产型 T-45A 于 1991 年 11 月交付使用。之后，又出现了 T-45B 和 T-45C 等改进型，各种型号共生产了 221 架。截至 2017 年 6 月，T-45 系列教练机仍在服役。

T-45 教练机右侧视角

▶ 机体构造

T-45 教练机以"鹰"式教练／攻击机为基础设计，外表也相差无几，但根据美国海军的要求进行了改进：机翼前缘加装了电动油压驱动的襟翼，以便在降落时产生更多升力，内部结构重新设计和强化。起落架重新设计以承受更大的冲击力，前起落架是双轮并加上拖杆。后机身两侧加上减速板，后机身下方加上尾钩并强化结构。该机的结构使用寿命设计为 14400 飞行小时，在研制阶段进行了相当于 28800 飞行小时的结构疲劳试验。

T-45 教练机侧前方视角

T-45 教练机侧后方视角

▶ 培训能力

T-45 教练机安装的电子设备和显示器比较先进，能满足在航空母舰上起降等高级训练的要求。该机的航电设备和人机接口均为适应舰上使用进行了优化。T-45 教练机的主要设备有：安 /ARN-182 甚高频／超高频电台、安 /ARN-144 伏尔／仪表着陆系统、安 /APX-100 敌我识别装置、安 /APN-194 无线电高度表、安 /USN-2 标准化姿态航向基准系统、安 /ARN-136A"塔康"导航系统等。

T-45 教练机的后座舱有武器瞄准具，每侧机翼下有 1 个挂点，可带教练（炸）弹架或火箭弹发射器，在进行高级训练时具备武器投放能力。如果有必要，还可在机身中线处外挂 1 个吊舱。

T-45 教练机仰视图

动力装置

T-45 教练机的动力装置为 1 台劳斯莱斯 F405-RR-401 涡轮风扇发动机，推力为 26 千牛。机内燃油总量为 1635 升，每侧机翼可外挂 1 个 591 升的副油箱。

T-45 教练机侧后方视角

重要事件

2012 年 5 月 30 日下午，1 架 T-45C 教练机在起飞机场西南方向 72 千米处坠毁，事发地点距美国得克萨斯州南部科珀斯克里斯蒂市西南约 120

千米。这架飞机隶属于美国海军第 22 训练中队，坠毁前正在进行例行训练。教官和飞行学员成功逃生后被送往医院检查。

T-45 教练机编队飞行

十秒速识

　　T–45 教练机采用串列双座布局和悬臂式下单翼，加装了全翼展前缘缝翼。两侧平尾前缘根部加装了小的弧形延伸段，以消除低速机动时的下俯。机身两侧各有 1 块减速板。起落架为液压可收放前三点式。

T-45 教练机降落在美国海军航空母舰上

俄罗斯雅克－130 "手套" 教练机

雅克－130 "手套" （Mitten）教练机是雅克列夫设计局研制的一款亚音速双座高级教练机，于 2010 年 2 月开始服役。作为雅克列夫设计局在苏联解体前夕立项、俄罗斯经济困难时期完成的一种高级教练机。雅克－130教练机对于雅克列夫设计局和俄罗斯都有着特殊的意义。

研发历史

从 20 世纪 70 年代开始，苏联一直将捷克斯洛伐克生产的 L－39C "信天翁" 高级教练机作为其教练机机队的主力。20 世纪 80 年代末，苏联空军和国土防空军决定开始研制下一代专用高级教练机，该项目的研制计划书随即下发到了各个设

基本参数	
机长	11.49 米
机高	4.76 米
翼展	9.84 米
空重	4600 千克
最大速度	1060 千米／时
最大航程	2100 千米
实用升限	12500 米

计局。米格设计局、米亚希舍夫设计局、苏霍伊设计局和雅克列夫设计局都参与了该项目的竞争，并且也根据各自对于下一代高级教练机的理解开展了预研工作。

在第一轮的竞争中，苏霍伊和米亚希舍夫设计局的方案被淘汰了，雅克列夫设计局的雅克－130 和米格设计局的米格－AT 进入下一轮的选型。最终，雅克列夫设计局成为获胜者。雅克－130 的第一架原型机于 1994 年

11 月下线，1996 年 4 月开始试飞。首架量产型的雅克 –130 于 2004 年 4 月首次试飞，之后又有几架飞机相继参加试飞。2010 年 2 月，雅克 –130 教练机正式服役。截至 2017 年 6 月，雅克 –130 教练机的总产量为 115 架，每架雅克 –130 教练机的造价为 1500 万美元。除了俄罗斯空军外，该机还被阿尔及利亚、孟加拉国、白俄罗斯、叙利亚、缅甸等国的空军采用。

雅克 -130 教练机起飞

机体构造

雅克 –130 教练机采用中单翼的传统布局，并采用后掠翼和全动水平尾翼，有可收放三点式起落架（低压轮胎），能在小型土质机场起降。雅克 –130 教练机采用了大迎角和翼根进气口，韩国的 T–50 教练机也采用了类似的布局。

雅克 -130 教练机右侧俯视图

雅克-130教练机仰视图

ⅢⅢ▶ ★ 培训能力

雅克 –130 教练机具有优良的气动外形和先进的机载电子设备，安全系数较高，使用寿命较长，既可以用于培训苏 –30 和米格 –29 战斗机飞行员，也可以担负多种类型欧美战斗机飞行员的训练任务。就飞机性能而言，雅克 –130 教练机可以在现代战斗机所能遇到的所有飞行状态下飞行，利用这种教练机训练的飞行员可以驾驶多种战斗机。

雅克 –130 教练机采用 4 余度电传操纵系统，最大飞行迎角高达 35 度。该机采用了时下比较流行的玻璃化座舱设计，醒目的 3 个多功能显示屏从左到右分别显示飞控信息、战术信息和飞机状态。雅克 –130 教练机的机腹和翼下共有 9 个外挂点，可带俄制和西方的武器或副油箱，机载武器包括机腹 23 毫米或 30 毫米口径航炮吊舱，翼下可带 8 枚 207 千克级炸弹、2枚 454 千克级激光制导炸弹或子母弹投放器、火箭弹发射巢和电视制导炸弹，最外侧的翼下挂架可带短程空对空导弹。

雅克-130 教练机进行飞行测试

▌▌▌▶ ★ 动力装置

　　雅克-130 教练机的动力装置为 2 台乌克兰伊夫琴科进步设计局研制的安-222-25 涡轮风扇发动机，独特的进气道护板在飞机沿地面滑行时可关闭，以防止异物被吸入。每台 AL-222-25 发动机可以为飞机起飞提供24.52 千牛的推力。

俯冲状态的雅克-130 教练机

▌▌▌▶ ★ 重要事件

　　2013 年，叙利亚在内战高峰期间订购了 36 架雅克-130 教练机，声称已支付 10% 的预付款。但因各种原因，俄罗斯方面在西方盟国准备攻打叙利亚的同年 9 月，称因叙方拖欠付款而无法交付。

雅克-130教练机编队飞行

十秒速识

雅克–130教练机有串列双座驾驶舱、后掠式中单翼和向下倾斜式机头，翼根下方有进气口。

雅克-130教练机侧前方仰视图

英国"鹰"式教练机

"鹰"式教练机是英国霍克·西德利公司（现已并入英国宇航系统公司）研制的一款单发高级喷气式教练机，于 1976 年开始服役。

研发历史

20 世纪 60 年代末，英国空军提出了 20 世纪 70 年代更换英国空军训练司令部大部分现役飞机的要求，同时由于几种新飞机计划进入第一线服役，需要修改整个飞行训练体制并发展新一代中 / 高级喷气式教练机，以保证有效地进行训练，

基本参数	
机长	12.43 米
机高	3.98 米
翼展	9.94 米
空重	4480 千克
最大速度	1028 千米／时
最大航程	2520 千米
实用升限	13565 米

并能满足未来空战要求。英国空军提出新型中 / 高级喷气式教练机要求后，英国飞机公司和霍克·西德利公司分别进行了预研设计。

1971 年 10 月，英国国防部宣布霍克·西德利公司中标。1972 年 3 月 2 日，英国国防部宣布选择劳斯莱斯公司的无加力涡轮风扇发动机为动力装置。"鹰"式教练机未经原型机研制就直接进入 5 架预生产型飞机发展阶段。量产型于 1976 年 11 月 4 日进入部队服役。除了装备英国空军和英国海军外，"鹰"式教练机还出口到澳大利亚、巴林、加拿大、芬兰、印度、印度尼西亚、科威特、马来西亚、阿曼、韩国、沙特阿拉伯、南非、瑞士等多个国家。

"鹰"式教练机在低空飞行

▌▌▌▶ 机体构造

"鹰"式教练机采用传统的全金属半硬壳式结构，制造材料大部分是铝合金，采用少量镁合金减重。该机采用悬臂式下单翼，翼根两侧进气，尾翼为悬臂式全金属结构，各翼面都有后掠角。悬臂式下单翼前缘中段安装有小型翼刀，两侧机翼上表面布置有一排涡流发生器，这是英国飞机惯用的设计，涡流发生器用于产生涡流来防止机翼上表面的气流过早分离导致失速。机翼后缘内外侧分别布置着双缝襟翼和常规副翼。

"鹰"式教练机的起落架为前三点式，所有起落架都是单轮形式，前起落架向前收入机鼻，安装在机翼下方的宽轮距主起落架向内收向机腹。前轮不能自主转向，需要差动控制主起落架机轮刹车来转向。"鹰"式教练机的操纵翼面和起落架收放机构都配备了双重冗余液压系统。

"鹰"式教练机右侧视角

"鹰"式教练机侧前方俯视图

培训能力

　　"鹰"式教练机前低后高布置的座椅使后座教官也有良好的前方视野。前后座舱被安装在座舱盖中间的玻璃隔开，在遭遇鸟撞或其他导致座舱盖破裂的险情时至少能保护 1 名飞行员。"鹰"式教练机的操纵系统是相对简单的机械液压式，座舱配备有费伦提 ISIS 机炮瞄准具。

　　"鹰"式教练机有 5 个外挂点，机腹 1 个，翼下 4 个，英国空军的"鹰"式教练机在服役中一般只使用机翼内侧和机腹的 3 个外挂点，空余的外挂点可增加出口销售的灵活性。"鹰"式教练机的机翼内侧外挂点可挂训练炸弹、SNEB 火箭巢，或 455 升副油箱。进行射击训练时，"鹰"式教练机的机腹可安装 1 个机炮吊舱，内置 1 门 30 毫米"阿登"机炮，备弹 120 发。在实际操作中，该机的外挂重量被限制在 680 千克以内。

"鹰"式教练机起飞

动力装置

"鹰"式教练机的动力装置为1台劳斯莱斯"阿杜尔"Mk.151非加力涡轮风扇发动机，最大推力29千牛。该发动机原本是为"美洲豹"攻击机研制的发动机，尽管采购成本远高于"蝰蛇"发动机，但是更加经济，而且"阿杜尔"Mk.151发动机与"美洲豹"攻击机使用的"阿杜尔"Mk.102加力型发动机的通用度高达95%，可以简化后勤。"阿杜尔"Mk.151发动机经过了"美洲豹"攻击机的验证，足以满足单发教练机的高可靠性要求。

在低空飞行的"鹰"式教练机

重要事件

英国空军最著名的"鹰"式教练机中队是"红箭"飞行表演队，这支有着悠久历史的表演队以精彩的九机大编队特技而享誉世界。1980年，"红箭"飞行表演队接收了11架"鹰"式教练机来代替"蚊蚋"教练机。这些"鹰"式教练机为飞行表演就行了优化，发动机经过细心调教来改善油门响应，机腹安装1个外形类似"阿登"机炮吊舱的318升的发烟剂吊舱。

英国空军"红箭"飞行表演队正在表演

▌▌▌★▶ 十秒速识

　　"鹰"式教练机采用单发串列双座下单翼布局，座舱盖整体向右翻开，座舱盖采用了单块玻璃，只不过因为分隔玻璃的缘故而看起来是前后两块。

"鹰"式教练机俯视图

意大利 M-346 "大师" 教练机

M-346 "大师" （Master ）教练机是意大利阿莱尼亚·马基公司研制的高级教练机，于 2015 年 9 月开始服役。

研发历史

早在 20 世纪 80 年代，阿莱尼亚·马基公司就开始对下一代高级教练机进行调研，并在 20 世纪 90 年代初期同德国道尼尔公司共同提出了 AT-2000/PTS-2000 教练机设计方案。与此同时，俄罗斯雅克列

基本参数	
机长	11.49 米
机高	4.76 米
翼展	9.72 米
空重	4610 千克
最大速度	1059 千米／时
最大航程	1981 千米
实用升限	13716 米

夫设计局也在进行类似的研究工作。1992 年，阿莱尼亚·马基公司与雅克列夫设计局合作，开始分享研究成果，共同研制 AEM-130D 验证机。1996年 4 月，该验证机首飞成功。1999 年，由于双方在项目需求和优先权上存在分歧，加上俄罗斯遭遇严重的金融危机，合作被迫终止了。

2000 年 7 月，阿莱尼亚·马基公司正式宣布放弃与俄罗斯方面的合作，转而自行研制新型高级教练机，即 M-346 教练机。2003 年 6 月，M-346首架原型机完成总装，2004 年 7 月首次试飞成功。经过漫长的测试阶段后，M-346 教练机于 2015 年 9 月正式服役。除了装备意大利空军外，该机还被以色列空军、波兰空军、新加坡空军采用。

M-346 教练机准备起飞

机体构造

M-346 教练机采用了大边条设计，有效地利用了非定常涡升力，而且其机翼上安装了大面积的前缘机动襟翼，翼根处安装了独特的大面积翼刀，这种设计可以延缓边条翼拖出涡流的破裂，从而有效地提升了飞机的升力特性和大迎角飞行性能。这些措施使得 M-346 教练机的最大可控迎角达到了惊人的 40 度，从而有效地模拟了第五代战斗机的可控大迎角飞行特性。另一个好处是可以防止低能量的紊流进入进气道，极大地提高了飞机的进气效率。

M-346 教练机侧后方视角

M-346 教练机侧前方视角

　　M–346 教练机的机体结构大范围使用了高性能合金材料和碳纤维复合材料，并在机体结构设计中引入了损伤容限设计的理念，这使得其空机结构重量被控制在一个非常低的水平。

培训能力

　　尽管 M–346 教练机与雅克 –130 教练机有着相同的血缘，但是却有着根本上的不同。相比之下，M–346 教练机更小、更轻，但是拥有范围更为宽广的飞行包线，更好的机动性，更高的推重比。M–346 教练机的人机界面十分友好，其座舱人机接口技术向第五代战斗机看齐。气动外形设计优秀，完全可以模拟最新型的第五代战斗机的跨音速飞行特性和大迎角飞行特性。

　　M–346 教练机的 2 个座舱都配有 3 个彩色液晶多功能显示器和 1 个平视显示器，其座舱视野良好，其前座飞行员的平视视角为 +10 度至 –16 度，而后座飞行员的平视视野为 +15 度至 –6 度，方便飞行员了解飞机状态并感知战场态势。M–346 教练机还计划装备拥有夜视功能的先进的头盔显示器，其驾驶杆独特的设计可使飞行员实现"手不离杆操作"。

高速飞行的 M-346 教练机

动力装置

　　M–346 教练机的动力装置为 2 台霍尼韦尔公司的 F124–GA–200 涡轮风扇发动机，该发动机采用模块化设计，结构紧凑，装备了双通道全权数字式发动机控制系统，降低了飞行员的工作负担，并配备有故障自动监视系统，便于地勤人员维护。F124-GA-200 发动机没有加力燃烧室，其耗油率极低，阿莱尼亚·马基公司的研究表明，为 M-346 教练机这样的高亚音速教练机装备无加力燃烧室的发动机可以有效地提高飞机的安全性，并降低采购和操作成本。

M-346 教练机侧后方仰视图

重要事件

2007 年 5 月 28 日，意大利国防部副部长洛伦佐·福尔切里正式宣布，意大利空军将采购 14 架 M-346 教练机。阿莱尼亚·马基公司终于实现了 M-346 教练机销售业绩上零的突破。意大利空军未来的主力战斗机是"台风"战斗机和 F-35 战斗机，M-346 教练机将为意大利空军装备这两种新型战斗机训练飞行员。

M-346 教练机在高空中翻转机身

十秒速识

M-346 教练机采用后掠中单翼，机翼上安装了大面积的前缘机动襟翼，翼根处有独特的大面积翼刀。

M-346 教练机正前方视角

瑞士 PC-9 教练机

PC-9 教练机是瑞士皮拉特斯公司研制的高性能涡轮螺旋桨中 / 高级教练机，于 1986 年开始服役。

研发历史

PC-9 教练机是皮拉特斯公司在 PC-7 教练机基础上发展而来的教练机，1982 年 5 月开始设计，1983 年完成主要部件飞行试验和空气动力特性最优化设计，随后制造 2 架预生产型 PC-9。第一

基本参数	
机长	10.14 米
机高	3.26 米
翼展	10.13 米
空重	1725 千克
最大速度	593 千米／时
最大航程	1537 千米
实用升限	11580 米

架于 1984 年 5 月 7 日首次飞行，比第一架更加完善的第二架于 1984 年 7 月 20 日首次飞行。至 1985 年 5 月底，2 架预生产型 PC-9 累计飞行超过 350 小时，1985 年 9 月 19 日获得特技飞行许可证，比计划提前了 3 个月。

1986 年，PC-9 教练机正式服役。该机被多个国家采用，包括瑞士、爱尔兰、澳大利亚、保加利亚、克罗地亚、乍得、塞浦路斯、伊拉克、墨西哥、缅甸、阿曼、沙特阿拉伯、泰国等。截至 2017 年 6 月，PC-9 教练机仍未停产，总产量超过 260 架。

爱尔兰空军装备的 PC-9 教练机

✦ 机体构造

  PC-9 教练机的机身为带长桁、隔板和铝合金蒙皮的全金属半硬壳式结构，玻璃纤维加强塑料整流罩。机翼为悬臂式下单翼，机翼外段上反角7度，翼根安装角1度，翼梢扭转角 –2度，1/4弦线后掠角1度。尾翼为悬臂式全金属结构，方向舵和升降舵带配重。起落架为油 – 气减震前三点式起落架，正常及应急均用液压操纵。液压驱动前轮转向。

PC-9 教练机右侧仰视图

PC-9 教练机俯视图

培训能力

PC-9 教练机采用双座梯级串列布局，安装了马丁·贝克公司的 MKCH 11A 可调节弹射座椅。后座比前座高 15 厘米，均有较好的视野。前、后座舱仪表设备均可按客户特殊要求安装，其中包括克莱托公司的计算机操纵仪表系统、单套或复式甚高频 / 特高频 / 高频电台，以及沃迪公司的导航和机内通信系统。其他可选设备包括柯林斯公司或本迪克斯公司的阴极射线管显示器、应急电池组、平视显示器、编码高度表、应急方位发射机、仪表飞行暗舱罩、抗过载系统和螺旋桨电阻丝加热除冰设备等。

PC-9 教练机进行飞行表演

动力装置

PC-9 教练机的动力装置为 1 台功率为 857 千瓦的普惠加拿大公司 PT 6A-62 涡轮螺旋桨发动机，驱动 1 具哈策尔公司的 HC-D4N-ZA9512A 四桨叶恒速全顺桨（带整流罩）。2 个机内油箱位于机翼前缘，总载油量为 535 升。机翼下中心外挂点可挂 2 个 154 升或 248 升副油箱。

PC-9 教练机左侧视角

重要事件

1986 年 7 月 10 日，澳大利亚空军订购了 67 架 PC-9 教练机，其中前 2 架由皮拉特斯公司制造，随后提供 6 架 PC-9 教练机的全套散件和 11 架 PC-9 教练机的主要部件，其余 48 架由澳大利亚霍克·德·哈维兰飞机公司和政府飞机制造厂按许可证生产。1986 年 7 月底，澳大利亚国防部为 2 家不愿透露姓名的客户追加了 25 架。

停机坪上的 PC-9 教练机

十秒速识

PC-9 教练机采用串列双座驾驶舱和梯形下单翼，拥有加大型背鳍，机头安装有涡轮螺旋桨发动机。

PC-9 教练机左侧视角

巴西 EMB-312 "巨嘴鸟" 教练机

EMB-312 "巨嘴鸟"（图c安o）教练机是巴西航空工业公司研制的一款初级教练机，于1983年9月开始服役。

研发历史

EMB-312 教练机于1978年1月开始设计，同年12月6日巴西航空工业公司与巴西航空部研究发展局签订生产2架原型机和2架用于静力和疲劳试验的机体的合同。第一架原型机和第二架原型机分别于1980年8月16日和1980年12月10日

基本参数	
机长	9.86 米
机高	3.4 米
翼展	11.14 米
空重	1810 千克
最大速度	458 千米／时
最大航程	1916 千米
实用升限	8750 米

首次试飞，向生产型过渡的第三架原型机于1982年8月16日首次试飞，巴西空军订购了118架，1983年9月29日开始交货，至1986年9月交付完毕。此外，安哥拉、阿根廷、哥伦比亚、埃及、法国、洪都拉斯、伊朗、伊拉克、毛里塔尼亚、巴拉圭、秘鲁、委内瑞拉等国也进口了EMB-312教练机。该机于1996年停产，总产量为624架。

巴西空军装备的 EMB-312 教练机

▊▊▊▶ 机体构造

　　EMB-312 教练机在制造上采用了数控整体机械加工、化学铣切和金属胶接等先进技术。该机的机身为铝合金常规半硬壳结构，机翼为悬臂式下单翼，尾翼是与机翼结构相似的悬臂式全金属结构。带背鳍的垂直安定面无后掠角，水平安定面采用无后掠固定安装角，水平安定面两侧根部前缘均有一小整流片。起落架为可收放前三点式，均为单轮。EMB-312 教练机没有安装固定武器，4 个外挂点的最大载弹量为 1000 千克，典型武器为 Mk 81 炸弹、火箭吊舱、机枪吊舱、教练弹。

EMB-312 教练机俯视图

培训能力

　　EMB-312 教练机除了能满足美国联邦航空条例第 23 部附录 A 的要求外，还满足美国军用规范和英国民航机适航性要求第 K 章的要求。该机采用空调座舱，配备了马丁·贝克公司的 BR8LC 轻型弹射座椅。整块全透明真空成形座舱盖，向右侧开启。后座椅稍高于前座椅，飞行员均有较好的视野。EMB-312 教练机装有 VHF-20A 电台、387C-4 音频系统、无线电传输系统、TDR-90 空中交通管制应答机、PN-101 陀螺磁罗盘、VIR-314 甚高频全向信标 / 盲目着陆系统 / 指点信标接收机等设备。

停机坪上的 EMB-312 教练机

动力装置

　　EMB-312 教练机的动力装置为 1 台普惠 PT6A-25C 涡轮螺旋桨发动机，功率为 552 千瓦，驱动 1 具三叶螺旋桨。油门与桨距可由一根操纵杆综合调节，每侧机翼各有 1 个油箱，共装油 694 升，油箱填有防爆泡沫塑料。机翼上表面有一个重力加油口，燃油系统允许倒飞 30 秒钟。EMB-312 教练机的机动性较好，具有较高的安定性，能在简易跑道上短距起降。

EMB-312 教练机在低空飞行

重要事件

2003年，巴西航空工业公司在EMB-312教练机的基础上推出了性能更加优异的EMB-314"超级巨嘴鸟"教练机。EMB-314教练机的配置堪称豪华，其价格也不菲，售价550万美元，比EMB-312教练机贵了将近1倍。

EMB-314"超级巨嘴鸟"教练机

十秒速识

EMB-312教练机采用串列双座驾驶舱和梯形下单翼，拥有吹制成型座舱罩，机头安装有涡轮螺旋桨发动机。

EMB-312教练机准备起飞

韩国 T-50 "金鹰" 教练机

    T-50 "金鹰" （Golden Eagle）教练机是韩国和美国联合研制的一款超音速高级教练机，于2005年2月开始服役。

研发历史

    韩国航太工业公司是 T-50 教练机的主承包商，负责机身和机尾单元的设计。美国洛克希德·马丁公司是 T-50 教练机的主要分包商，负责机翼、飞行控制系统和航空电子系统的研制，并在整个项目研制过程中提供技术支持。

基本参数	
机长	13.14 米
机高	4.94 米
翼展	9.45 米
空重	6470 千克
最大速度	1640 千米／时
最大航程	1851 千米
实用升限	14630 米

    T-50 教练机项目于 1997 年 10 月正式启动，1999 年完成详细设计，2001 年 1 月生产出首架可飞行样机。2002 年 8 月，T-50 教练机首次试飞。2005 年 2 月，T-50 教练机正式服役。截至 2017 年 6 月，T-50 教练机仍在生产，总产量超过 80 架。除了韩国本国使用外，印度尼西亚、伊拉克、泰国和菲律宾等国也进口了 T-50 教练机。

T-50 教练机编队飞行

▶ 机体构造

T-50 教练机的整体构型设计是以洛克希德·马丁公司的F-16 战斗机为基础，但重量和尺寸分别为后者的70% 和80%，结构及次系统有70% ~ 80% 的共通性。座舱为纵列双座设计，后座较前座高50 厘米，座椅采用马丁·贝克公司的MK KR16K 弹射座椅。机体表面设置有维修进手孔，各次系统安装有自动检测和内置式测试系统，以便进行检修作业。

T-50 教练机俯视图

高速飞行的 T-50 教练机

培训能力

　　T–50 教练机采用了可精确操纵飞行的数字电传控制系统、可用于提高机动能力的放宽静稳定度技术、可同时锁定多个目标的先进的自主攻击传感器以及分子筛机载制氧等。T–50 教练机的任务是配合模拟器与实际飞行训练，执行战斗机先导训练任务，以使飞行员在未来顺利衔接如 F–15、F–16、F–22、F–35、"阵风" 等先进战斗机，故未配备射控雷达。T–50 教练机安装有 1 门通用动力公司的 M61A1 20 毫米六管旋转式机炮，备弹 208 发。

T-50 教练机在高空中翻转机身

动力装置

　　T–50 教练机采用 1 台通用电气公司生产的 F404–GE–102 涡轮风扇发动机，配备了全权数位引擎控制系统。该发动机由 F404–GE–100 涡轮风扇发动机（原是为诺斯洛普 F–20 "虎鲨" 战斗机发展）修改而来，最大后燃推力为 78.7 千牛，推重比为 7.76。T–50 教练机设有 7 个油箱，其中 5 个在机体，2 个在主翼根部，总计可容纳 2655 升燃油，机腹及主翼下方可选择加挂最多 3 个 570 升副油箱。

T-50 教练机正在提升飞行高度

重要事件

　　2015 年 12 月 20 日，印度尼西亚空军从韩国进口的 1 架 T–50 教练机在飞行表演时坠毁，2 名飞行员死亡。据了解，正在进行特技表演的 T–50 教练机突然失去平衡，垂直栽到地上，随后浓厚的黑色烟气升起，飞行员没有逃生的时间。

T-50 教练机编队进行飞行表演

323

▌▌▌▷ 十秒速识

T-50 教练机的外观与 F-16 战斗机相似，采用串列双座驾驶舱，具有后掠式机翼和后掠式垂直尾翼。

T-50 教练机起飞

参 考 文 献

[1] 李斌. 经典导弹武器装备 [M]. 北京：中国经济出版社，2015.

[1] 西风. 战略运输机 [M]. 北京：中国市场出版社，2014.

[2] 西风. 直升机·教练机 [M]. 北京：中国市场出版社，2012.

[3] 军情视点. 经典军用飞机鉴赏指南 [M]. 北京：化学工业出版社，2017.

[4] 吕辉. 空中斗士：军用飞机 [M]. 北京：中国社会出版社，2014.

[5] 铁血图文. 世界经典军用飞机 TOP10 [M]. 北京：人民邮电出版社，2015.

世界武器鉴赏系列 ✛

现代舰船
鉴赏指南

现代飞机
鉴赏指南

现代战机
鉴赏指南

单兵武器
鉴赏指南

世界手枪
鉴赏指南

世界名枪
鉴赏指南

美国海军武器
鉴赏指南

二战尖端武器
鉴赏指南

特种作战装备
鉴赏指南

早期经典战机
鉴赏指南

坦克与装甲车
鉴赏指南

空战武器
鉴赏指南

陆战武器
鉴赏指南

无人装备
鉴赏指南

特殊武器
鉴赏指南

海战武器
鉴赏指南